NOUS SOMMES TOUS CLAIRVOYANTS !

BelindaGrace

NOUS SOMMES TOUS CLAIRVOYANTS !

DÉVELOPPER SES DONS ET RECEVOIR DES MESSAGES DE L'UNIVERS

Le lotus & l'éléphant

Publié pour la première fois en 2007 en Australie par Rockpool Publishing
(www.rockpoolpublishing.com) sous le titre *You're Clarivoyant*.

Traduit de l'anglais par Delphine Hurier-Michaud

Direction : Catherine Saunier-Talec
Responsable éditoriale : Lisa Grall
Responsable de projet : Séverine Corson-Schneider
Éditrice : Lucie VanHerpen
Correction : Claire Gaillard
Fabrication : Anne-Laure Soyez
Principe de couverture : Nicole Dassonville
Responsable partenariats : Dana Lichiardopol (lichiardopol@hachette-livre.fr)

Dépôt légal : aout 2022
ISBN : 978-2-01-720011-6
42-4679-3

Couverture : © Ksenija Purpisa – iStock

Achevé d'imprimer en France par CPI Brodard et Taupin
en juillet 2022
N° d' impression : 3047894

SOMMAIRE

REMERCIEMENTS

Lorsque l'on écrit un livre, il y a toujours de très nombreuses personnes à remercier pour leur soutien et leurs encouragements, mais aussi pour la foi qu'ils placent en vous. En effet, je n'aurais jamais pu écrire *Nous sommes tous clairvoyants !* sans la présence de personnes merveilleuses dans ma vie.

Je tiens donc à adresser mes très sincères remerciements à ma famille et à mes amis formidables qui m'ont depuis toujours encouragée, soutenue et fait part de leurs appréciations. Merci pour tout !

Je souhaite remercier la maison d'édition Rockpool Publishing de m'avoir permis de réaliser mon rêve en publiant mon livre et en me permettant de faire connaître mon travail dans le monde entier.

Enfin, je remercie bien évidemment mes guides spirituels et mes anges qui m'ont aidée et guidée de façons tellement diverses qu'il serait difficile de toutes les décrire.

J'adresse à tous ma plus profonde gratitude.

BelindaGrace

BelindaGrace

NOTE DE L'AUTEURE

Édition anniversaire

En écrivant *Nous sommes tous clairvoyants !*, j'avais pour vision et pour rêve de publier un livre pérenne qui puisse servir de nombreuses générations de lecteurs et de personnes curieuses de comprendre leurs dons intuitifs et leur faculté de clairvoyance. Je savais, au plus profond de mon cœur, que de très nombreuses personnes se posaient des questions à propos des mondes et des réalités qui dépassent notre quotidien physique et qui souhaitent apprendre à développer leur capacité à croire en une sagesse que l'on ne peut pas étiqueter ni faire entrer dans la moindre case.

L'accueil réservé à ce livre a été formidable et le fait que nous en soyons là, plus de dix ans après sa première publication, est extrêmement gratifiant pour moi. *Nous sommes tous clairvoyants !* est désormais publié en quatre langues et dans différents pays du monde entier. Il a été à l'origine de beaucoup de cours et d'ateliers et a inspiré de nombreuses personnes à croire en elles et en ce degré très profond de l'intuition et de la clairvoyance. Ce qui me semble essentiel pour vivre une vie très équilibrée et heureuse.

Naturellement, depuis le lancement du livre en 2007, j'ai continué mon apprentissage et suivi mon chemin personnel, et j'ai désormais encore plus de choses à partager avec vous.

Les livres *You are Inspired* et *You are Abundant*, ainsi que les oracles *Clairvoyant Reading Cards* et *True Love Reading Cards* ont été publiés après *Nous sommes tous clairvoyants !* et ont été d'autres ambassadeurs efficaces de tout ce que mes anges et mes guides spirituels m'enseignent continuellement. Cependant, l'opportunité qui m'a été donnée d'offrir une édition révisée de ce livre, à l'occasion du dixième anniversaire de sa publication, a sans aucun doute été le moment que j'ai préféré dans toute cette incroyable aventure.

Deux chapitres entiers viennent compléter cette nouvelle édition, à savoir le chapitre 10 sur les vies parallèles et le chapitre 15 à propos des graines d'étoiles.

Je vous laisse lire et me dire ce que vous en pensez. Pour moi, ces nouvelles découvertes ont été source d'éveil et d'enthousiasme.

Souvent, les gens me demandent si en vivant comme je le fais je ne suis pas distraite et déconnectée de la vie quotidienne. Je peux répondre avec joie que c'est tout le contraire. La relation forte que j'entretiens avec mes anges et mes guides spirituels me rassure chaque jour. La confiance que je place en mon intuition pour me guider et en ma clairvoyance pour m'informer offre à ma vie un flot d'heureux hasards et me permet d'aborder tous mes défis avec une perspective rassurante.

Enfin, cette aventure m'a surtout enseigné comment me sentir pleinement reconnaissante – sans mauvaise grâce aucune – et cette expérience m'a littéralement transformée.

Nous, les êtres humains, sommes des créatures réellement étonnantes. Nous sommes capables de tellement de noirceur, mais aussi de tant de lumière. Grâce à ce livre et à tout ce que j'entreprends, j'espère vous inspirer, afin que vous puissiez découvrir votre propre pouvoir, croire en votre intuition, développer votre clairvoyance et transformer vos zones d'ombre pour devenir cette âme brillante, éclatante et lumineuse que je sais que vous êtes.

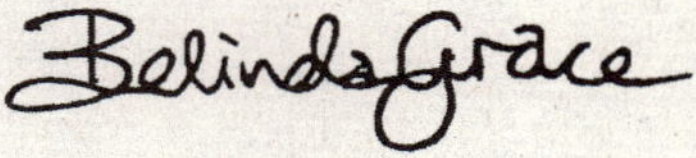

Namasté, BelindaGrace
Juin 2017

INTRODUCTION

Être clairvoyant ou intuitif n'est pas un don magique réservé à quelques personnes triées sur le volet, mais une capacité innée que tout le monde peut apprendre à développer, quels que soient le contexte de vie ou les convictions de chacun.

L'intuition clairvoyante n'est pas plus difficile à intégrer qu'une langue étrangère ou qu'un programme informatique. Cependant, comme pour tout ce qui est « nouveau », il existe une courbe d'apprentissage et il est nécessaire de s'impliquer et de pratiquer pour apprendre. Dans ce monde, rien ne peut se réaliser sans une réelle volonté que j'aime appeler « l'intention ».

La clairvoyance est une sagesse intérieure et une connexion qui est en nous depuis toujours et qui attend juste d'être réveillée. Par conséquent, si vous en avez l'intention, vos dons de clairvoyance vont se *réactiver*.

Tout le monde évolue à son propre rythme. Certes, l'Univers intervient toujours pour donner de nombreux coups de pouce, mais jamais plus que ce que nous sommes en capacité de recevoir, et, pour chacun d'entre nous, les dons de clairvoyance s'activent au moment opportun.

Ce livre est conçu pour vous permettre de développer ces compétences, grâce à des exercices simples et efficaces. Chaque technique est présentée selon un ordre logique. En vous exerçant à chacune de ces techniques, vous deviendrez plus compétent pour les suivantes.

Il n'y a ni bonne ni mauvaise façon d'expérimenter le développement de vos capacités. Utilisez ce livre comme un guide et référez-vous à mes expériences pour vous inspirer et pour vous aider à évaluer votre progrès. Vous êtes seul juge, donc suivez votre instinct et allez vers ce qui vous semble bon pour vous-même.

J'ai un jour rencontré une clairvoyante américaine très puissante qui me raconta que, la première année, pour développer sa sensibilité intuitive, elle s'était laissé porter par l'énergie véhiculée par ce don. Elle priait sans cesse Dieu pour qu'il lui permette de *tout voir*. Un jour, en se réveillant, son monde avait entièrement changé. Elle pouvait entendre ce que les gens pensaient, elle voyait autour d'eux des images qui évoquaient la mémoire de choses plaisantes ou déplaisantes qu'ils avaient pu faire. Elle savait qui trompait son conjoint, qui volait de l'argent à son employeur, qui avait des idées suicidaires, mais aussi tout ce que chacun cachait aux yeux de la société.

Cette expérience l'avait rendue presque folle et comme elle avait prié pour activer ce don, elle implora Dieu d'arrêter cela. Elle ne voulait pas tout savoir sur tout le monde. Une fois que ce déluge cessa, elle remercia ses anges et ses guides spirituels pour les dons qui lui avaient été donnés et elle se résolut à se contenter de ceux-là. Soyez donc reconnaissant pour chacun de vos progrès, si infimes soient-ils, et soyez patient. Votre développement intuitif intervient à un certain rythme et pour une très bonne raison.

Dans les pages qui suivent, vous allez découvrir une partie de mon histoire et comment je suis devenue guérisseuse-clairvoyante. C'est un terme ou un titre que j'aime beaucoup, mais la plupart des gens se focalisent uniquement sur le mot « clairvoyant », en omettant la notion de « guérisseur ». Or, ce terme est le plus important, car il implique que j'utilise mes dons de clairvoyance (développés avec le temps) pour aider les gens à se sentir mieux. Ces derniers arrivent chez moi très désorientés et déprimés, puis ils repartent remontés et dynamisés.

Prédire le futur ne représente pas une grosse part de mon activité. De temps en temps, les anges ont quelque chose de précis à dire à l'un de mes clients à propos de son futur. Toutefois, ils nous enseignent généralement que « le futur » n'existe pas et qu'il n'y a pas de plan établi sur lequel compter. Ils veulent que nous comprenions qu'il existe de nombreuses réalités probables qui peuvent survenir. Celles-ci dépendent des choix que nous faisons et découlent de notre état d'esprit du moment.

Les lendemains que nous créons germent à partir de ce que nous sommes aujourd'hui. Par conséquent, il est très utile d'être connecté dans l'instant présent et de prendre conscience de notre guidance divine. Il est important de rappeler qu'en tant que clairvoyante, je suis simplement un canal pour véhiculer l'énergie, la lumière et l'information. Ce livre ne traite ni de mes croyances ni de mes opinions. Il reprend tout ce que mes anges et mes guides spirituels m'ont enseigné au cours de mes dix années de pratique : ce qu'ils m'ont dit de « faire » et les informations transmises en réponse à mes questions ou à celles de mes clients et de mes élèves.

Je m'étonne souvent, en m'entendant dire certaines choses, car je sais que ces informations ne sont ni le fruit direct de ma connaissance, ni celui de mon expérience, ni celui d'un processus de réflexion. Elles sont au contraire le produit d'une absence de réflexion, car je laisse juste l'information arriver à travers moi.

Mon parcours jusqu'à aujourd'hui a été long et sinueux. Avec ce livre, je souhaite partager avec vous les choses merveilleuses qui m'ont été enseignées par mes guides spirituels, mes anges et mes autres amis non physiques, afin de vous permettre d'avoir une idée plus claire et d'éviter certains écueils. Lorsque vous développez votre clairvoyance, il n'y a pas de destination ultime et le plus important est d'apprécier votre parcours.

Avec tous mes vœux de réussite,
BelindaGrace

CHAPITRE 1

COMMENT EN SUIS-JE ARRIVÉE LÀ ?

J'ai régulièrement assisté à des séances par Belinda et je n'ai jamais rien connu de semblable ! Ces consultations m'ont apporté des informations qui me permettent d'être plus connecté à ma propre guérison, à mes anges et à mes guides spirituels. L'apaisement obtenu a non seulement été physique, émotionnel, mental et spirituel, mais je me suis également senti aidé, guidé et remis « sur les rails » à la fin de chaque séance.

J. L., Sydney, juillet 2004

« Avez-vous toujours été clairvoyante ? », « Quand avez-vous réalisé que vous étiez clairvoyante ? » ou « Comment êtes-vous devenue une guérisseuse-médium ? »

Voici les questions que les gens me posent lorsqu'ils découvrent ce que je fais pour « gagner ma vie ». Autant d'interrogations sensées, puisqu'on ne rencontre pas tous les jours un guérisseur-médium. Or, c'est un monde qui est toujours entouré d'un certain halo de mystère. Je crois, cependant, que l'autre raison qui pousse les gens à s'interroger de la sorte est que nous sommes tous naturellement intuitifs et clairvoyants. En reconnaissant une part d'eux-mêmes en moi – ou dans ce que je fais –, ils ont envie de découvrir comment ils pourraient développer leurs propres dons.

Je compare souvent la clairvoyance à un don artistique. En s'impliquant, tout le monde peut peindre, dessiner ou apprendre à jouer d'un instrument de musique. Même si vous avez un sens inné de la musique et de l'art, il vous faudra du temps et des efforts pour affiner et développer ce talent brut de manière significative. Pour être créatif et productif « à la demande », seule une bonne pratique de ces techniques vous permet d'y parvenir.

Il en est de même pour la clairvoyance. C'est un don inné avec lequel nous naissons tous, sans exception. Certaines personnes auront des talents plus prononcés, quand d'autres devront davantage s'entraîner et persévérer pour trouver l'instrument ou la technique les plus adaptés pour eux. Toutefois, avec de la pratique et une attitude positive, vos dons intuitifs et médiumniques vont se réveiller en vous.

Lorsque j'étais enfant et adolescente, tout ce qui avait trait au surnaturel ou à la métaphysique me fascinait. Je faisais de temps en temps des rêves qui m'indiquaient – de manière générale ou allégorique – des événements qui survenaient quelques jours plus tard. J'avais parfois l'impression que je pouvais voir ou entendre des « fantômes » et j'expérimentais si fréquemment et de façon tellement nette le voyage astral dans mon sommeil, que je me réveillais souvent dans un sursaut, avec le mal de l'air causé par les montées et descentes que je venais d'opérer dans le ciel.

Une nuit, alors que j'avais environ dix ans, je me suis réveillée et j'ai vu ma grand-mère flotter dans ma chambre, au pied de mon lit. Je la voyais dans sa chemise de nuit, avec ses longs cheveux gris qui ondoyaient, mais je n'avais pas peur, même si je savais qu'elle vivait en Suisse, à des milliers de kilomètres de là ! Je venais tout juste de me réveiller. J'ai cligné des yeux et regardé de nouveau. Elle était encore là. Elle me fit un geste, mais semblait regarder au loin et après m'avoir fait signe un court instant, elle disparut tout simplement à travers le mur.

Le lendemain matin, ma mère reçut un appel téléphonique de Suisse pour lui annoncer que ma grand-mère était décédée.

Vingt ans plus tard, un autre événement intéressant survenu dans la ferme de ma mère déclencha une discussion à propos des « esprits » et de ce qui arrive aux gens après leur mort. C'est à ce moment-là que je révélai à maman ce que j'avais vu la nuit où ma grand-mère était morte. Maman était stupéfaite, car elle avait appris que, quelques minutes avant sa mort, ma grand-mère s'était vraisemblablement assise péniblement dans son lit, avant de faire signe à quelque chose ou à quelqu'un au loin.

J'imagine, à ce stade, que vous vous dites : « *Bon, elle est certainement née avec ce don. Moi, je ne peux pas faire ce genre de chose.* » Je ne me suis cependant jamais considérée comme clairvoyante ni comme étant douée d'un certain talent. Prenez quelques minutes pour repenser à votre enfance et vous allez probablement vous rappeler que vous avez vous aussi connu de tels rêves ou expériences pour lesquels vos parents vous ont dit qu'ils étaient le fruit de votre imagination.

Lorsqu'ils étaient enfants, la plupart d'entre nous avaient des amis invisibles, croyaient aux fantômes et aux esprits ou *savaient* les choses à l'avance. Ces expériences découlent de notre faculté intuitive naturelle. Or, cette dernière est malheureusement très souvent étouffée quand les enfants grandissent, car nous vivons dans un monde qui ne nous laisse ni explorer ni nous attarder sur ces dons naturels.

Pour moi, il s'agissait à l'époque d'événements qui se produisaient au hasard, sans que je les commande au doigt et à l'œil. Ils s'imposaient à moi sans que je puisse les prévoir ni même leur donner un sens. À l'aube de mes vingt ans, je suis devenue beaucoup plus concernée par le « vrai monde » et j'ai relégué toutes ces expériences dans le passé, à l'exception d'un fait précis.

En 1985, j'ai voyagé en Californie avec mon petit ami. Nous avions alors peu de moyens et avions opté pour l'autostop pour relier Los Angeles à San Francisco, afin d'économiser le prix des billets de bus. Nous avions décidé de monter uniquement dans les voitures qui empruntaient les routes côtières, mais un homme très gentil nous dit un jour qu'il nous emmenerait jusqu'à Santa Barbara si nous acceptions de faire un détour dans les terres en passant par le désert. Nous avons accepté et nous avons pris place dans le véhicule pour profiter de notre trajet pittoresque et gratuit.

Après avoir grimpé pendant un temps une longue pente douce au milieu d'une vaste étendue, nous sommes arrivés en haut d'une crête et nous avons découvert une grande vallée plate qui s'étendait devant nous sur plusieurs kilomètres. Mon cœur bondit alors, car si je n'y avais jamais été physiquement auparavant, je reconnaissais cet endroit pour l'avoir parcouru de nombreuses fois en le survolant lors de mes voyages astraux ! Me retrouver là, cette fois-ci sur la terre ferme, était une expérience incroyable.

Une fois encore, bien que cette expérience m'ait enthousiasmée et quelque peu secouée, je ne pouvais rien en « faire » de spécial. Je l'ai juste acceptée et suis passée à autre chose.

Après avoir obtenu mon diplôme du secondaire et étudié la mode pendant trois ans, j'ai voyagé pour parcourir le monde. Mes connexions intuitives s'étaient alors arrêtées et je les ignorais, tant j'étais concentrée sur les exigences du quotidien. Je suis restée à Londres pendant trois ans. Période pendant laquelle j'ai mené la vie de la parfaite fêtarde en prenant plaisir à boire, à fumer, à travailler dur et à vivre à fond.

Si quelqu'un m'avait alors dit que je serais un jour guérisseuse-médium et que j'aurais un cabinet prospère, j'aurais considéré cette personne comme étant folle.

À Londres, j'ai travaillé en tant que représentante pour une entreprise formidable, à Covent Garden, dans laquelle je côtoyais de nombreux autres jeunes venus du monde entier. Les amis que je me suis faits alors sont des gens que j'aime et avec qui je suis toujours en contact aujourd'hui.

Ma vie était totalement dédiée au travail, à l'argent, aux voyages et avant tout à la rigolade. Cependant, alors que ma vie sociale s'épanouissait, ma santé, elle, se détériorait. Ce que j'ignorais à l'époque, c'est que cette détérioration et les quantités d'antibiotiques prescrits par mes médecins allaient me conduire à la vie que je mène aujourd'hui.

J'avais beau adorer l'Angleterre, l'heure était venue pour moi de retourner en Australie afin de travailler dans le domaine auquel je me croyais destinée : le monde de la mode.

J'ai intégré l'industrie de la mode et gravi les échelons en travaillant comme directrice régionale des ventes, puis directrice nationale des ventes avant d'obtenir le poste formidable d'acheteuse pour une enseigne nationale de vêtements pour femmes avec un bon salaire, une voiture de fonction et des voyages en classe affaires à la clé. J'aurais dû être heureuse, pourtant c'était l'inverse, et j'étais dans un état émotionnel dépressif. Mon système immunitaire, déjà affaibli par mon précédent mode de vie à Londres, était encore plus faible. Mes poussées d'amygdalite chronique s'aggravaient et je prenais de plus en plus de médicaments.

Ma santé se dégradait à une vitesse alarmante et je ne savais pas quoi faire. Les antibiotiques avaient laissé place à la pénicilline, les petites doses devenaient conséquentes et aucune amélioration ne semblait vouloir s'amorcer.

Sur le plan émotionnel, ma santé était également vacillante. Je me souviens avoir été tellement déprimée, durant ces derniers mois passés dans l'industrie de la mode, que je parvenais à peine à me lever le matin. Je pleurais ensuite systématiquement sous la douche, puis en m'habillant avant de partir travailler.

Je ne comprenais alors pas que je me rendais malade et malheureuse, car je n'étais pas du tout en harmonie avec ma propre vérité. J'étais persuadée que j'avais un problème d'ordre psychologique. Cependant, comme il le fait toujours, l'Univers m'a tendu une bouée de sauvetage et, en suivant les conseils de ma colocataire, je suis allée voir un praticien en médecine douce qui m'a aidée à changer.

Après environ deux ans de traitement homéopathique, de préparations à base de plantes et de séances de kiné, je me suis sentie nettement mieux. J'étais en mesure de réaliser que le style de vie et la carrière que j'avais choisis n'étaient pas en adéquation avec ce dont j'avais besoin ou ce que je désirais vraiment. J'ai alors affirmé que je voulais changer de vie et travailler dans les soins alternatifs. Mon praticien m'a suggéré d'étudier l'homéopathie, ce qui a vraisemblablement déclenché un rêve prophétique le soir même et affirmé en moi la volonté d'aller dans cette direction.

Pour résumer brièvement ce rêve, je me voyais, debout, sur une superbe plage au lever du jour. Une très belle porte ancienne en bois flottait à l'horizon et le soleil se levait. La porte s'est lentement ouverte, me baignant alors d'une lumière chaude et intense. Ce rêve était certes merveilleux, cependant ce n'était pas son contenu qui m'inspira, mais davantage les *sensations* ressenties pendant, mais aussi après mon réveil. J'étais tellement calme, heureuse et certaine d'avoir été placée sur ma nouvelle voie.

Un peu plus tard, ce jour-là, je me suis inscrite en cours de thérapie naturelle et j'ai définitivement tourné le dos à mon passé.

Bien que je ne pratique plus l'homéopathie sur le plan professionnel, c'est ce qui m'a menée à mon métier actuel de guérisseuse-médium en me permettant de rencontrer des gens qui m'ont poussée à suivre d'autres cours dans le domaine de la guérison. J'ai même été admise dans un petit cours privé, dispensé dans la maison d'une femme dans la basse côte nord de Sydney. Nous étions une dizaine et nous avons travaillé en groupe pendant deux ans. Notre professeure nous a enseigné les bases du *channelling*[1]. Elle nous a appris à voir les auras et les champs énergétiques et à savoir comment détecter et ressentir les chakras.

---

1. N.D.É. : Le *channelling* est un procédé de communication entre un être humain et une entité appartenant à une autre dimension (ange, maître ascensionné, divinité, etc.).

J'ai fini par être diplômée en homéopathie, avec deux années d'études de guérison spirituelle en prime. D'une façon étrange, je me considérais uniquement comme étant homéopathe, car je croyais que personne ne serait jamais intéressé ni prêt à payer pour un travail de rééquilibrage des chakras.

Après des mois de galère et trop peu de clients en homéopathie pour payer mes factures, j'ai décidé de faire savoir que je pouvais équilibrer les chakras, car c'était réellement la seule chose que je pouvais alors faire. Je recevais parfois une information et je parvenais à sentir les chakras tourner et à voir leurs couleurs dans mon esprit, mais c'était tout.

J'ai été totalement subjuguée en constatant l'intérêt que cela a suscité et le grand nombre de clients qui vinrent spécialement pour ce traitement que je considère comme étant vraiment tout simple aujourd'hui. Mon cabinet était au nord de Sydney et la plupart de mes clients travaillaient dans les bureaux d'entreprises locales, dont certains à de très hauts niveaux. Très souvent, je recevais des P.-D.G. et des directeurs généraux qui m'intimaient l'ordre de ne pas les appeler sur leur ligne professionnelle afin que leurs collègues n'apprennent pas qu'ils consultaient une personne telle que moi. Malgré ce jeu de cache-cache, la plupart de mes clients étaient extrêmement réceptifs et reconnaissants et ils m'ont régulièrement recommandée (enfin !) à d'autres personnes, ce qui a permis à mon cabinet de décoller.

CHAPITRE 2

L'UNIVERS M'A DONNÉ LE DÉCLIC

Lorsque je suis soignée par Belinda, je me sens tellement plus légère après. C'est comme une détox physique, émotionnelle et spirituelle et un réalignement dans le même temps. Il m'arrive de rire ou de pleurer et toutes les informations que je reçois et le coup de fouet que cela m'apporte sont toujours formidables. Je sens que j'avance dans le sens de mon intégrité et que je suis davantage connectée à l'unicité qui fait la Vie.

Rosemary, Sydney, 2011

Tout cela était formidable et j'étais enchantée d'avoir des clients et une source croissante de revenus, mais j'étais têtue. Je venais de finir trois années d'études en homéopathie et j'entamais une quatrième année postdoctorale pendant laquelle je commençais à exercer. En ignorant alors les indices que l'Univers m'avait donnés, j'ai continué de croire que je devais être homéopathe et que l'équilibrage des chakras – la seule de mes pratiques qui décollait vraiment – n'était qu'une activité utile, mais marginale.

Je me suis alors évertuée à me vendre en tant qu'homéopathe. Je tentais de convertir à l'homéopathie mes clients qui étaient adeptes du rééquilibrage des chakras. La plupart du temps sans aucun résultat, d'ailleurs. J'étais alors perdue dans le postulat « qu'ainsi vont les choses » et j'avais besoin d'une indication plus forte. Aussi, l'Univers a décidé de me donner un coup de pied dans le derrière – de manière métaphorique, bien sûr !

J'ai reçu le coup de bottillon cosmique au moment où je rééquilibrais les chakras d'une nouvelle cliente. Cette jeune femme avait à peine vingt-cinq ans. Elle était ouverte et cordiale, mais quelque chose dans son énergie me perturbait tellement elle semblait sombre.

En travaillant sur l'un de ses chakras, j'eus l'impression que quelqu'un avait allumé un grand écran en couleurs dans mon esprit. Je voyais alors de terribles scènes de soldats en train de frapper et même de tirer sur des civils sans armes. Ces derniers semblaient être des paysans persécutés par des forces armées et j'avais la nette impression qu'il s'agissait d'un lieu en Amérique du Sud. Ne sachant pas quoi faire, j'ai regardé cette scène pendant quelques secondes, dans une stupeur totale. Je me suis demandé : *« Qu'est-il en train de se passer ? »*. J'ai alors entendu une voix intérieure m'expliquer : *« C'est son passé à elle. Dis-lui ce que tu as vu. »*

Je n'ai aucune idée de la façon dont je m'y suis prise et j'ai fait de mon mieux pour lui décrire tout ce que je pouvais voir, entendre et ressentir, tandis que cette même voix en moi continuait à me fournir de nombreux détails.

Ma cliente était intriguée et elle parvint à associer tous les éléments de cette « histoire ». Elle n'avait aucune idée que c'était pour moi la première fois que je recevais ce type d'informations. Elle partit en se sentant « plus légère » qu'en arrivant, tandis que je restai à méditer sur la signification de ce qui venait de se produire.

Les jours firent place aux semaines et mon cabinet continuait de se développer tandis que les films qui m'apparaissaient devenaient de plus en plus clairs et détaillés.

J'ai continué, pendant un temps, à défendre cette croyance selon laquelle j'étais destinée à être homéopathe. Je n'ai réalisé que beaucoup plus tard que l'homéopathie (et l'important diplôme qui va avec) avait été une étape sur le chemin qui m'a menée à l'endroit où je me trouve aujourd'hui.

J'ai un immense respect pour l'homéopathie et pour les praticiens qui l'utilisent. L'assise et la confiance acquises au cours de ces quatre années d'études m'ont permis de traiter mes patients beaucoup mieux que si j'avais uniquement étudié la guérison par la médiumnité. Aujourd'hui encore, je rends toujours visite à mon homéopathe, ici, à Sydney, pour discuter et pour me faire soigner. Je tire toujours un bénéfice immense de cette pratique, mais elle n'était pas censée être ma véritable carrière. Son rôle était juste de m'y amener.

Quant à mon activité « marginale » intéressante, elle a fini par prendre le dessus et j'ai enfin appris à lâcher prise et à faire ce que l'on attendait de moi !

Maintenant, je sais exactement ce à quoi vous pensez. Vous vous dites que, malgré tous vos efforts, ce genre de chose ne vous arrivera jamais. Or, la vérité est que cela pourrait vous arriver et que cela arrive à de nombreuses personnes. Cela se produit d'autant plus si vous y êtes ouvert et réceptif. Le fait de suivre les techniques développées dans cet ouvrage est, en partie, votre message à l'Univers pour lui dire que vous êtes prêt et que vous avez envie d'entendre tout ce qu'il a besoin de vous dire.

Il m'a d'ailleurs fallu un moment pour écouter vraiment ce qu'il me disait. Cependant, après cette toute première expérience, j'ai décidé de faire confiance à ce que j'entendais ou voyais. Ceci est la condition la plus importante lorsque l'on souhaite développer des dons de clairvoyance. Au lieu de nier ces expériences, j'ai réalisé que toutes ces informations venaient à moi parce que le client allongé sur ma table avait besoin de le savoir. Par conséquent, j'ai décidé de ne pas les bloquer et de devenir au contraire le canal le plus clair pour transmettre ces informations.

La seule confirmation qui compte pour moi est le retour que me font mes clients. S'ils m'avaient regardée comme une folle et dit que mes affirmations n'étaient que des inepties, alors j'aurais tout simplement arrêté. Au contraire, ceux-ci se reconnaissent tellement dans ce que je leur dis qu'ils se mettent souvent à pleurer, me prennent généralement dans leurs bras, reviennent pour en savoir plus, et envoient des membres de leur famille et certains de leurs amis à mon cabinet.

Depuis cet humble départ, j'ai également mis au point des cours dans lesquels j'enseigne et partage ce que je fais avec de petits groupes d'élèves. Je suis toujours fascinée et enchantée de voir la rapidité avec laquelle ils parviennent à développer des dons qui m'ont demandé des années de maîtrise. En quelques semaines, nombre de mes élèves reçoivent des informations du passé, communiquent avec les anges et équilibrent les chakras avec naturel et confiance. Ils sont les preuves vivantes que vous pouvez également faire ce travail, si vous avez envie d'essayer.

Les techniques que vous allez apprendre et utiliser, dans les pages qui suivent, vous aideront à devenir aussi clairvoyant que vous souhaitez l'être dans votre vie. Cela nécessite cependant de la pratique. Je ne me suis pas réveillée du jour au lendemain en m'exclamant : *« Waouh ! Je suis clairvoyante !* » Pour y parvenir, j'ai suivi des cours pendant des années, puis j'ai parfait ces dons sur mes clients.

Chaque fois que je recevais des instructions ou des indications pour expérimenter quelque chose de nouveau pour moi, je les suivais sans me poser de questions. Je me sentais en effet en sécurité, protégée et aimée dans ce travail et mes clients me faisaient des retours positifs.

Chacune des techniques décrites dans ce livre m'a été enseignée au cours de ces dix dernières années par mes anges et par mes guides spirituels – mes professeurs – et ce sont les mêmes techniques que j'enseigne dans mes cours.

Vous allez apprendre comment rencontrer vos propres amis célestes et comment développer vos dons de clairvoyance et de *channelling* de différentes façons. Comme moi, laissez-vous guider par vos sentiments et si vous êtes plus à l'aise avec certaines techniques, privilégiez alors ces outils.

Tout le monde ne souhaite évidemment pas en faire sa profession, mais nous pouvons cependant tous apprendre à mieux exploiter les informations, les indications et la lucidité dans notre vie. Les techniques qui vous sont enseignées dans cet ouvrage vous permettront de vous connecter à une source plus élevée de conscience et d'orientation que votre connaissance intellectuelle ou votre esprit logique ne pourront jamais vous offrir.

De nombreuses personnes viennent me voir, car elles se sentent bloquées, en manque d'inspiration, perdues ou déprimées. Elles ont perdu contact avec le sens et le but de leur vie. Voici les outils qui leur sont alors donnés pour remettre du sens et un objectif dans leur existence.

Il existe différentes manières valables d'envisager votre vie et de tirer un maximum de bénéfices de votre parcours. Ce livre ne prétend pas détenir les solutions pour tous les maux personnels et sociétaux. C'est un point de départ – fondamental, je l'espère – qui démystifie une aptitude profonde, naturelle et intuitive à la clairvoyance que nous avons tous en nous. Je sais que vous désirez découvrir, redécouvrir et développer votre don.

CHAPITRE 3

POURQUOI VOTRE IMAGINATION EST-ELLE VOTRE OUTIL LE PLUS IMPORTANT ?

À partir de cet instant, je choisis d'honorer le pouvoir créatif et le don qui sont naturellement en moi. Le cadeau divin de mon imagination va m'aider, maintenant et pour toujours, dans ma quête pour mieux me comprendre, pour m'aimer et plus encore.

Affirmation pour l'imagination

L'imagination est votre interface et votre interprète. C'est le pont entre le monde physique et le monde immatériel. Si vous la laissez s'ouvrir à de nouveaux mondes et à une nouvelle vision pour vous, elle s'avérera être un formidable cadeau.

Combien de fois avez-vous entendu quelqu'un vous dire : « Oh, c'est juste ton imagination » ou « J'ai juste dû imaginer tout ça » ?

De telles affirmations impliquent parfois que l'imagination est une fonction secondaire ou peu fiable de notre esprit. Étant donné que, pour bon nombre de personnes, l'imagination est « irréelle », elle est considérée comme quelque chose qui n'est pas digne de confiance, voire dont on doit avoir peur.

De nos jours, de nombreuses personnes considèrent la science comme la seule mesure fiable de ce qui est vrai et réel dans notre monde. Or, ces mêmes scientifiques qui mettent au point des tests, des théories et des concepts utilisent leur imagination pour y parvenir. On pourrait dire que, dans tout processus créatif, notre imagination est la première étape – qu'il s'agisse de construire un ordinateur, de dessiner un vêtement ou de concevoir une œuvre d'art. Avant qu'une chose puisse être créée dans la sphère physique, elle doit partir d'une idée. Par conséquent, où en serait la race humaine sans l'imagination ?

De la même façon que notre imagination nous permet de donner vie à quelque chose, elle nous aide à nous connecter aux degrés de notre existence que nous ne pouvons percevoir à travers nos cinq sens. Or, il y a tellement plus autour de nous que ce que nos yeux et nos oreilles peuvent percevoir.

Un chien peut, par exemple, entendre des sons avec une intensité beaucoup plus élevée que ceux perçus par une oreille humaine et certains poissons tropicaux parviennent à voir des couleurs qui n'existent pas dans le spectre chromatique standard. L'électricité est invisible, pourtant une grande partie de notre monde fonctionne grâce à elle et ce sont les ondes de différentes fréquences qui nous permettent de vivre des expériences bien réelles telles que le fait d'écouter la radio ou de regarder la télévision.

Tout comme un poste de télévision ou de radio a besoin d'une parabole ou d'une antenne aérienne et de câbles, pour recevoir les informations et les traduire pour nous en sons et en images, les humains ont eux aussi des moyens pour collecter et pour traduire les informations que l'Univers leur adresse. J'appelle cela **le canal** et **l'écran intérieur**.

Je vous expliquerai, dans le chapitre suivant, comment réactiver ces parties de votre anatomie spirituelle afin que votre antenne puisse recevoir de nouveau des informations. Pour l'instant, je souhaiterais que vous vous contentiez de contempler l'idée que votre imagination est l'interprète qui emmagasine toutes les données récemment reçues et qui vous aide à les déchiffrer.

La musique diffusée par votre radio et les images sur votre écran de télévision sont transmises dans un format puis traduites dans un autre, afin que vos sens puissent les comprendre. Lorsque votre canal reçoit une information de votre guide divin, de votre ange gardien, de l'Univers ou autre (quel que soit le nom que vous lui donnez), votre imagination la convertit ensuite en sensations, en pensées, en mots ou en images intelligibles.

Votre imagination est le pont – ce lien vital que nous avons tous – entre le monde physique et le monde immatériel.

Des exercices tout simples permettent d'exercer et de renforcer votre imagination, mais aussi de permettre à votre lien vital de fonctionner. Ils ne nécessitent pas beaucoup de temps, car vous pouvez les pratiquer en faisant autre chose, comme lorsque vous marchez ou pédalez en allant et en revenant du travail. Il n'y a rien de difficile à développer ce qui compte déjà parmi vos atouts naturels. Au contraire, c'est censé être facile, intéressant et amusant. L'ingrédient le plus important dans ce processus est votre intention. Or, si votre intention est de vous laisser guider par les mots de ce livre et par l'Univers, alors vous allez connaître de merveilleux résultats.

EXERCICE 1
Exercez votre imagination

Lorsque quelqu'un me dit qu'il ne parvient pas à visualiser clairement les choses, en particulier celles que l'on n'a pas l'habitude de voir (un ange, par exemple), je lui demande d'imaginer quelque chose de plus commun pour lui. Cet exercice a pour but de vous aider à vous habituer à utiliser votre imagination.

IL VOUS FAUT : Un endroit calme où vous pouvez vous asseoir ou vous allonger confortablement.

DURÉE : Quelques minutes.

- Fermez les yeux et asseyez-vous tranquillement pendant une ou deux minutes. Visualisez une voiture de sport rouge avec de superbes roues chromées brillantes, un toit escamotable et des bandes blanches sur les côtés. Vous devriez réussir à l'imaginer, même si vous n'avez jamais vu une voiture semblable de votre vie.
- Utilisez votre imagination pour combler les trous. Vous la créez vous-même. C'est la raison pour laquelle il est important d'utiliser votre imagination en premier. Votre voiture de sport rouge sera unique à votre propre imagination, car vous y aurez mis votre touche personnelle.
- En faisant cet exercice, vous réactivez votre écran intérieur, l'œil avec lequel l'esprit interprète l'information et les directives en images visuelles.

VARIANTE

Une autre façon d'exercer votre écran intérieur se fait en décidant de ce que vous porterez pour un événement futur.

- Fermez les yeux et imaginez ce que vous pourriez porter pour aller travailler demain ou visualisez une tenue pour une soirée ce week-end.
- Parcourez votre garde-robe dans votre esprit et imaginez-vous dans telle ou telle tenue, jusqu'à ce que vous trouviez celle qui vous convient.
- Gardez quelques instants ces images à l'esprit puis laissez-les s'évanouir.
- Répétez cet exercice simple, quelques instants chaque jour.

Ici, votre imagination entre en action et vous offre un bon exemple de ce que peut être une vision clairvoyante. Ce n'est pas comme voir un objet solide à l'œil nu, mais c'est tout aussi clair et réel.

Une fois que vous vous êtes accoutumé à cette pratique, vous pouvez vous lancer un défi et essayer d'imaginer un ange. Laissez alors votre imagination créer un ange unique.

EXERCICE 2
Imaginez un ange

IL VOUS FAUT : Un endroit calme où vous pouvez vous asseoir ou vous allonger confortablement.

DURÉE : Quelques minutes.

- Fermez les yeux et asseyez-vous tranquillement pendant quelques instants. Autorisez-vous ensuite à visualiser un ange.
- Imaginez cet ange tel que vous aimeriez le voir. Peu importe que vous ayez déjà « vu » un ange auparavant ou non, étant donné que vous pouvez déterminer ce à quoi votre ange va ressembler.
- Votre ange aura peut-être une allure traditionnelle, avec de grandes ailes dorées et un halo. Il ressemblera sinon à un chérubin ou prendra la forme d'une boule de lumière argentée. Quelle que soit la forme qu'il prendra pour vous, ce sera la bonne, car il n'y a ni bonne ni mauvaise façon d'imaginer un ange.
- Laissez tourner l'image dans votre esprit. Ne vous attardez pas sur une image en particulier. Accueillez toutes les images qui arrivent et laissez-les doucement s'évanouir.
- Prenez du plaisir en réalisant cet exercice simple et laissez-le vous divertir.

  Répétez-le pendant quelques minutes, dès que vous le souhaitez.

Votre imagination est un outil précieux. Utilisez-la, exercez-la et respectez-la, car c'est votre lien vital avec la beauté et la magie des aspects immatériels de votre vie. Supprimer l'imagination originale et véritablement créative est la plus grande tragédie de la vie humaine.

Lorsque quelqu'un a une grande idée ou quand un enfant fait preuve de talents artistiques, on a souvent tendance à l'ignorer, étant donné que cela n'a aucune valeur monétaire. Utiliser votre imagination n'a rien à voir avec le fait d'être irréaliste ou d'essayer d'échapper à la réalité. C'est au contraire l'un des outils qui nous sont donnés pour que nous puissions nous développer et évoluer en tant qu'êtres humains et spirituels. C'est le berceau de toutes les choses que nous considérons comme étant réelles.

Nous arrivons maintenant au point le plus important à propos de votre imagination, ce merveilleux outil qu'il faut nourrir et chérir. Votre imagination est le *pont* entre la réalité physique et toutes les autres réalités auxquelles vous souhaitez vous connecter.

L'imagination est synonyme d'inspiration. C'est le lien entre la guidance divine dont nous avons tous besoin et l'esprit réfléchi sur lequel nous pouvons décider de nous fonder. Elle comble véritablement le fossé entre ce qui est tangible pour nos sens, en tant qu'êtres humains, et ce qui est à notre disposition de manière illimitée, en tant qu'êtres spirituels. Vous ne serez jamais vraiment intuitif ni clairvoyant si vous n'engagez pas votre imagination.

Votre guidance divine vous apportera un soutien et une inspiration taillés sur mesure pour votre compréhension. Votre imagination vous aidera ensuite à traduire cela dans une forme intelligible par votre esprit. En effet, deux personnes n'imagineront jamais une chose exactement de la même façon.

Les guides spirituels peuvent nous apparaître sous des formes illimitées. Vos guides spirituels et vos anges ne seront jamais les mêmes que ceux des autres, même s'il s'agit d'un ange très connu, comme l'un des archanges. Ils ne sont pas limités par une forme physique et peuvent changer d'apparence à volonté.

D'ailleurs, l'obsession humaine consistant à épingler toute chose et à déterminer ce qui est bon et/ou faux est très destructeur. Pour de nombreuses personnes, il paraît inconcevable d'imaginer un ange sous une autre forme que celle d'un être lumineux avec des ailes. Or, aucune vision n'est bonne ou fausse, car vous ne pouvez pas limiter quelque chose d'illimité.

Utilisez l'affirmation pour l'imagination qui se trouve au début de ce chapitre, chaque fois que vous avez besoin de ressentir de la fierté pour votre imagination et pour votre habileté à l'utiliser de manière constructive dans votre vie. C'est un cadeau que nous avons tous reçu et que nous devons tous nourrir, afin qu'elle puisse nous être utile et servir quotidiennement le monde dans lequel nous vivons.

CHAPITRE 4

VOS CHAKRAS, VOTRE CANAL ET VOTRE ÉCRAN INTÉRIEUR

Belinda, merci infiniment pour l'incroyable séance de guérison. Cela m'a vraiment transformé. J'ai pu replacer les choses dans leur contexte et faire face à mes problèmes de façon proactive. Je ne me sens plus tiraillé dans deux directions opposées puisque je n'ai plus qu'une seule voie sur laquelle avancer.

Steve L., Sydney, 2001

Vous rappelez-vous, dans le chapitre 2, comment l'Univers m'avait poussée et aidée à voir des informations de la vie passée de ma cliente ? C'était alors les mises au point quotidiennes que je faisais au niveau de mes chakras, de mon canal et de mon écran intérieur qui m'avaient permis de recevoir des informations aussi détaillées. Six mois avant ce déblocage, je ne voyais ni n'entendais grand-chose de façon clairvoyante. Or, je pratiquais presque chaque jour l'un des exercices que je vais bientôt prendre le temps de vous expliquer et je suis convaincue que c'est grâce à eux que ma connexion s'est améliorée.

J'ai également pu remarquer cette amélioration de connexion lorsqu'une femme d'une cinquantaine d'années est venue me voir. À peine avais-je posé mes mains sur son chakra du plexus solaire que j'entendais sans cesse le mot « *hystérectomie* » dans ma tête. J'ai fini par trouver le courage de lui demander si elle avait subi une telle opération.

Elle m'a tout d'abord regardée avec stupéfaction puis elle s'est rapidement ouverte et confiée à moi, en me racontant combien cette expérience avait été effroyable avec de nombreuses complications pendant et après l'opération, une infection et des douleurs persistantes dans les tissus cicatriciels. Sa réaction émotionnelle ainsi que l'inconfort physique étaient toujours très intenses, bien que l'opération ait eu lieu quinze ans plus tôt.

J'ai mis tous mes sentiments dans cette consultation et j'ai passé presque toute la séance à envoyer la lumière et l'énergie guérisseuses dans cette partie de son corps. Quelques mois plus tard, elle m'envoya une carte pour m'informer que cet inconfort dans son corps avait nettement diminué après cette séance. Sa balance hormonale et son humeur s'étaient également améliorées. Si elle n'avait pas été prête à recevoir cette information, elle n'aurait tiré aucun bénéfice de ce nettoyage des chakras.

De nombreuses expériences intéressantes comme celle-ci ont continué de se produire et, plus je travaillais sur le renforcement et le nettoyage de ma propre anatomie spirituelle, plus les informations reçues devinrent précises et détaillées. Depuis le jour de ma « découverte capitale », cette expansion n'a jamais cessé. Je continue de faire ce que j'appelle la *maintenance spirituelle* et l'Univers continue de m'enseigner de nouvelles et merveilleuses techniques.

L'expression *« Utilisez-le ou perdez-le »* ne s'applique pas seulement à votre forme physique et mentale, mais aussi à votre aptitude intuitive. Rappelez-vous que ceci n'est que le début de votre parcours. À partir de là, tout ne fait que s'améliorer.

Vu sous cet angle, si vous avez un robinet chez vous que vous n'avez pas utilisé depuis des années et que vous l'ouvrez pour permettre à l'eau de s'écouler de nouveau, vous n'aurez pas tout de suite de l'eau claire et propre. Les canalisations ont probablement rouillé et il y aura des bulles d'air et d'autres obstructions. L'eau va commencer à jaillir par salves et sera sale.

Allez-vous pour autant abandonner, refermer le robinet et vous en aller ? Non, pas du tout ! Vous allez laisser l'eau s'écouler un moment, puis l'utiliser quand tout sera revenu à la normale. C'est l'acte d'entretien et de réparation qui s'impose en pareil cas. Il en est de même pour votre anatomie spirituelle. Vous serez tout d'abord un peu rouillé, mais il n'y a pas de raison de vous décourager. En faisant les exercices suivants de façon régulière, votre « eau » s'écoulera de nouveau sans problème.

Vos chakras, votre canal et votre écran intérieur sont les trois principaux « outils » avec lesquels vous allez travailler à partir de maintenant. En tant que clairvoyant en herbe, vous allez apprendre que garder vos chakras forts et en bonne santé est vital. Je vais très bientôt vous enseigner quelques techniques pour activer votre canal et votre écran intérieur, mais avant nous allons revoir les principes de base des chakras afin que vous puissiez comprendre en quoi ils sont si importants et que vous soyez motivé pour en prendre soin régulièrement.

Le guide des chakras pour débutant

Il existe des milliers de livres sur les chakras, sur leur histoire, sur leur utilité et sur leur fonction. À ce stade, vous avez besoin de connaître uniquement l'essentiel. Certains d'entre vous sauront probablement plus de choses à leur sujet que ce qui est écrit ci-après. Si tel est le cas, sentez-vous libre de passer directement à l'exercice suivant.

Le mot « chakra » vient du sanskrit, langue ancienne de l'Inde, et signifie « roue de lumière ». Les chakras sont les principaux centres énergétiques à l'intérieur de nous qui supportent toutes les fonctions dans nos corps physiques et spirituels. Depuis environ 5 000 ans, les textes bouddhistes et hindous font référence à l'importance d'avoir des chakras équilibrés et en bonne santé.

Avoir une connaissance élémentaire des chakras et de leur rôle est très utile dans de nombreux domaines de votre vie. Ils affectent fortement votre santé physique, émotionnelle et spirituelle. Nous savons tous comment notre sang circule dans notre corps, afin de délivrer oxygène et nutriments à chacun de nos tissus et cellules. Nous avons aussi compris que notre circulation sanguine permet l'élimination de tous les éléments indésirables, toxiques ou des déchets de notre corps. Lorsque la circulation du sang est faible, cela peut affecter notre état de santé de diverses façons.

Les chakras et les nombreux canaux énergétiques qui les relient, connus sous le nom de *nadis*, ont un fonctionnement similaire. Il y a sept chakras principaux dans votre corps, situés respectivement à la base de la colonne vertébrale, sous votre nombril, au niveau du plexus solaire, au centre de votre poitrine, sur votre gorge, sur votre front au-dessus de l'arête nasale et tout en haut de votre tête, au niveau de la couronne.

D'autres chakras se trouvent sous la plante des pieds, à l'intérieur ou sur chacune des articulations, mais aussi tout autour du corps, dans votre aura ou champ énergétique. Certains textes anciens indiens font état de l'existence de plus de 88 000 chakras. Tous ces chakras sont connectés les uns aux autres par le réseau des *nadis* qui forme un vaste système circulatoire pour le passage de l'énergie universelle. Cette dernière n'a rien à voir avec l'énergie calorifique ou physique. C'est cette merveilleuse énergie subtile et vitale que l'on nomme *prana*, *qi* ou *chi*.

Pour une personne intuitive ou clairvoyante, les chakras apparaissent comme des sphères, des cercles ou des cônes lumineux et colorés qui tournent. Selon le client sur lequel je travaille, les chakras se manifestent de différentes façons. Souvent, je les visualise sous forme de fleurs. Il arrive que ce soient de grands gerberas plats, une rose ou même une fleur de lotus, comme le décrivent souvent de nombreux textes spirituels anciens.

Sur un sujet en bonne santé, les chakras tournent uniformément et rapidement et chacun brille vivement dans la couleur du spectre lumineux dans laquelle il est censé vibrer. Les sept chakras principaux forment les couleurs de l'arc-en-ciel.

Un chakra fatigué ou stressé peut sembler très mou ou tournant de façon déséquilibrée ou elliptique. Sur votre écran intérieur, le chakra apparaît trouble ou sombre, alors qu'il devrait avoir une belle couleur vive.

Tous les chakras ont une fonction spéciale et aucun n'est plus important que l'autre. En en apprenant davantage à leur sujet, vous réalisez d'ailleurs qu'ils ont un rôle vital à jouer. En ce qui concerne le développement de votre intuition, c'est le chakra frontal ou chakra du troisième œil dont il est question et dont vous avez probablement déjà entendu parler. Nous discuterons plus en détail de sa fonction.

En bref, le système des chakras capte et attire l'énergie et la force de vie de l'Univers, puis il la redistribue dans tout le corps et dans le champ énergétique. En distribuant l'énergie, ils contribuent de manière significative à la « vibration » que chacun de nous émet et que nous ressentons des autres personnes.

Ne vous êtes-vous jamais demandé comment il était possible que vous puissiez ressentir le bonheur ou la colère d'une autre personne sans même lui adresser la parole ou pourquoi vous êtes attiré par certaines personnes et pas par d'autres ? Le contexte et l'activité du système chakrique créent autour de chaque personne un flux d'énergie unique dont la qualité peut fluctuer énormément selon l'humeur, l'état de santé, les circonstances, etc. Il reflète toujours l'état général de la personne à un instant T.

Chaque chakra a une signification et une fonction particulières et il correspond à certaines zones de votre corps physique, à certaines émotions et à certaines périodes de votre vie. Voici un guide de base des sept chakras principaux.

Le chakra coronal, représenté par un lotus aux mille pétales, est situé sur le haut de votre tête.
COULEUR : violet, or, blanc.
CONNEXION CORPS-ESPRIT : le cerveau.
ÉLÉMENTS : tous.
SENS : tout ce qui est au-delà de nos sens.
Il représente la connexion à la forme d'être la plus pure. Un chakra coronal en pleine forme vous amène à une conscience pure et à une unité avec l'énergie de l'Univers. C'est le chakra de l'éveil.

Le chakra frontal ou **chakra du troisième œil** est représenté par un lotus à 96 pétales. Il est situé sur le front, juste au-dessus de l'arête du nez et s'étend du front jusqu'à l'arrière de votre tête.
COULEUR : indigo, magenta.
CONNEXION CORPS-ESPRIT : visage, yeux, oreilles, sinus, hypophyse.
ÉLÉMENTS : tous.
SENS : tous, y compris l'intuition et la clairvoyance.
Il représente la connaissance et la conscience d'être. Il vous emmène au-delà de l'esprit actif et de l'intellect, vers une compréhension plus profonde des vérités de l'Univers. Il augmente votre capacité de visualisation, votre confiance en votre intuition ainsi que votre capacité à transcender la signification superficielle de la vie. Il fonctionne de façon aussi essentielle que votre écran intérieur et il agit comme un portail vers tout ce que vous allez voir. C'est le chakra de la sagesse divine que nous avons tous en nous, qui voit bien au-delà de l'esprit conscient.

Méditer sur votre chakra frontal et sur la création de votre écran intérieur permettra de le réactiver et de le renforcer. La fluorite est l'un des nombreux cristaux permettant d'augmenter les pouvoirs de votre chakra frontal et de votre seconde vue.

Le chakra de la gorge est représenté par un lotus à 16 pétales. Il est situé au-dessus de la gorge et il s'étend de l'avant jusqu'à l'arrière de votre cou.
COULEUR : bleu ciel, bleu vif.
CONNEXION CORPS-ESPRIT : voix, gorge, mâchoires, cou, bras et expression verbale.
ÉLÉMENT : l'éther.

SENS : l'ouïe.
Il représente votre façon de vous exprimer. Un chakra de gorge en bonne santé permet une bonne expression personnelle. Ce que vous dites est franc et clair. Il aide également à savoir quand garder le silence et écouter les autres ou votre voix intérieure. C'est le chakra de la communication.

Le chakra du cœur, ou lotus aux 12 pétales, est situé sur le bas du sternum, au centre de la poitrine et il s'étend à travers la poitrine jusque dans le dos, entre les omoplates.
COULEUR : vert émeraude, rose.
CONNEXION CORPS-ESPRIT : bras, cœur, poitrine, poumons, peau, thymus, circulation.
ÉLÉMENT : l'air.
SENS : le toucher.
Il représente la capacité à donner et à recevoir librement et inconditionnellement de l'amour. Lorsqu'il est en bonne santé, il vous permet d'éprouver de la compassion pour vous-même et pour les autres et d'expérimenter la joie pure de vivre. C'est le chakra qui permet de ressentir de l'empathie envers tous les autres êtres vivants.

Le chakra du plexus solaire est représenté par un lotus à 10 pétales. Il est situé au centre de l'abdomen et s'étend jusque dans le dos.
COULEUR : jaune doré.
CONNEXION CORPS-ESPRIT : estomac, digestion, système nerveux, sentiment viscéral, instinct.
ÉLÉMENT : le feu.
SENS : la vue.
Il représente la façon dont vous vous présentez au monde. Il équilibre le spirituel et les besoins matériels dans votre

vie et il promeut l'acceptation de soi. C'est le chakra du « Je suis » et il est connecté à votre développement en tant qu'individu.

Le chakra sacré, ou chakra à 6 pétales, est situé dans le bas du ventre, juste en dessous du nombril et il s'étend jusqu'au bas du dos.
COULEUR : orange.
CONNEXION CORPS-ESPRIT : organes reproductifs, reins, lymphe, fluides corporels.
ÉLÉMENT : l'eau.
SENS : le goût.
Il représente la créativité fondamentale de la vie et dans la vie. Il vous permet de vous ouvrir au flux de l'énergie entre mâle et femelle. Il permet d'avoir une approche plus équilibrée de la sexualité, en nourrissant les émotions et l'intimité. C'est le chakra de la famille, des relations et de l'appartenance.

Le chakra racine, ou lotus aux 4 pétales, est situé à la base de la colonne vertébrale, entre les jambes.
COULEUR : rouge pourpre intense.
CONNEXION CORPS-ESPRIT : os, dents, ongles, sang, muscles, production des cellules.
ÉLÉMENT : l'eau.
SENS : l'odorat.
Il représente votre volonté de vivre et vos instincts de survie. Connexion avec la Nature et la Terre nourricière. Un chakra racine en bonne santé vous permet de rester en harmonie avec les cycles naturels de la vie. Il vous aide à vous épanouir et à prospérer, mais aussi à rester centré et ancré. C'est le chakra de la forme humaine et physique.

C'est à travers lui que nous embrassons la vie physique et que nous faisons partie de la « tribu » des humains.

Une fois que vous avez compris comment les chakras fonctionnent, il est important de les accorder de temps à autre. Si vous êtes exposé quotidiennement à la négativité ou si vous rencontrez beaucoup de gens, il convient idéalement de les accorder tous les jours.

En prenant soin de vos chakras quelques minutes, chaque jour, ils seront en bonne santé et vous vous sentirez bien. Il sera ensuite beaucoup plus facile pour vous de développer votre intuition et votre clairvoyance. Alors au travail !

Mes anges m'ont enseigné la façon la plus simple pour conserver des chakras forts, dégagés et sains : en les purifiant avec la lumière. Vous pouvez utiliser la lumière blanche ou celle d'un arc-en-ciel. Comme vous préférez. Les chakras résonnent aux couleurs de l'arc-en-ciel, c'est-à-dire au rouge, à l'orange, au jaune, au vert, au bleu, à l'indigo et au violet. La lumière blanche contient toutes ces couleurs, il vous suffit donc d'imaginer un rayon de lumière blanche ou un arc-en-ciel qui traverse votre corps. L'un et l'autre auront la même action. Chaque chakra puisera dans ce spectre la couleur qui lui est nécessaire et il l'absorbera pour l'aider à se renforcer et à se purifier.

EXERCICE 3
Nettoyez et rééquilibrez les chakras

IL VOUS FAUT : Un endroit calme où vous pouvez vous asseoir ou vous allonger confortablement.

DURÉE : 2 à 15 minutes par jour.

- Asseyez-vous ou allongez-vous confortablement et fermez les yeux.
- Imaginez un magnifique rayon de lumière blanche ou un arc-en-ciel lumineux qui descend des cieux et entre par le haut de votre tête. Visualisez-le tel un flux puissant et continu qui descend à l'intérieur de votre corps, jusqu'au bas de votre colonne vertébrale. Imaginez l'intense lumière guérisseuse en train de vous traverser et de nourrir les sept chakras principaux.
- Sur son parcours, cette lumière va traverser chacun de ces chakras, en entrant par le chakra coronal, sur le dessus de votre tête, et en terminant dans le chakra racine, à la base de votre colonne vertébrale.
- Respirez profondément et détendez-vous afin d'apprécier ce processus. Cela demande peu d'efforts et il est ici davantage question de laisser les choses se produire plutôt que de les « faire ».
- Ouvrez lentement les yeux et, tout en reprenant vos esprits et en vous réorientant dans

l'espace, appréciez la sensation d'énergie qui circule dans vos chakras et dans votre corps.

Ne vous inquiétez pas, si vous ne parvenez pas à voir le rayon de lumière. C'est bien de le visualiser, mais ce n'est pas obligatoire pour que le processus fonctionne. Votre intention est l'ingrédient le plus important dans ce travail. Par conséquent, tant que votre intention générale est de laisser cette lumière vous traverser, afin de renforcer, d'équilibrer et de purifier vos chakras, alors le résultat obtenu sera le même.

Libre à vous de décider du temps que vous réserverez pour cette petite mise au point. Si vous le pouvez, gâtez-vous et faites-le tous les jours ! Entre 2 et 15 minutes par jour, c'est idéal. Vous pouvez le faire en vous réveillant, pour démarrer la journée de façon revigorante ou bien le soir en vous couchant, afin de vous détendre. Vous pouvez aussi le faire dans les transports en commun (dans le train, le bus ou le ferry), lorsque vous faites la navette entre la maison et le travail. C'est aussi simple que cela.

Votre canal et comment l'activer

Une fois vos chakras purifiés, il est temps de vous concentrer sur votre canal.

Si vos chakras sont des fleurs lumineuses ou des centres énergétiques au cœur de l'anatomie spirituelle de votre corps, alors votre canal est semblable à une belle tige ou à un tronc sur lequel poussent les sept chakras principaux. J'aime souvent comparer le canal à votre antenne, car c'est l'instrument que vous allez activer et utiliser pour recevoir votre guidance divine, qu'elle provienne de mots, de sons, d'images ou de sensations.

Dans une certaine mesure, votre canal est déjà actif. En effet, tout comme les chakras, votre canal joue un rôle crucial dans la distribution de l'énergie vitale à l'intérieur et dans tout votre corps. En un sens, le canal est le *nadi* principal, équivalent aux plus grosses artères du corps. Il est également connu sous le nom de *sushumna*, mais le terme canal est plus communément utilisé et il convient parfaitement ici.

Un canal sain a l'apparence d'un faisceau puissant coloré ou d'un tube de lumière qui brille en entrant par votre chakra coronal et qui descend jusqu'au chakra racine en traversant tout votre corps. À partir du chakra racine, ou de la base de votre colonne vertébrale, il descend ensuite le long de vos jambes et ressort par la plante de vos pieds pour s'enfoncer au cœur de la Terre. De cette façon, votre canal vous connecte à notre éblouissante et merveilleuse planète, notre maison physique dans cette vie, qui est la source nourricière d'énergie. Il vous connecte également au plus haut degré de votre guidance divine, en provenant des sphères infinies de l'Univers, en pénétrant par votre chakra coronal et en brillant dans tous vos chakras. À travers votre canal, vous devenez le point de connexion ou de jonction entre les cieux et la Terre. Vous êtes un récepteur vivant qui est prêt à apporter la lumière et l'éveil dans votre monde.

Un faisceau de lumière qui descend du Cosmos jusqu'à vous, entre par le haut de votre tête, puis traverse le centre de votre corps est un concept qui vous est familier, n'est-ce pas ? Vous venez d'en faire l'expérience dans le troisième exercice. Vous comprenez ainsi que les bénéfices de cet exercice sont doubles, car il vous permet également de purifier et de renforcer votre canal. En effet, vous utilisez votre canal pour apporter la lumière à vos chakras et, dans le même temps, vous permettez à votre canal d'être encore plus puissant et réceptif. Vous faites plusieurs choses à la fois, n'est-ce pas fantastique ? Vous qui pensiez que cela allait être difficile.

Très souvent, au début, le canal des gens est faible et saturé : généralement obstrué par le souci, la fatigue, les émotions non résolues et les idées ou les pensées négatives. À l'instar des chakras, le canal n'est pas un organe physique solide tel que votre cœur et vos poumons, mais sa fonction n'en est pas moins importante pour votre santé.

J'ai très souvent traité le canal d'un client qui était endommagé ou malade et appris, par la suite, que la personne avait éprouvé un grand soulagement ainsi qu'un net sentiment de bien-être durable suite à cet acte de guérison. De nombreux maux, parmi lesquels la dépression, le manque de confiance, la nausée, les vertiges et d'autres affections physiques peuvent être diminués ou soignés en nettoyant votre canal et en entretenant sa force.

EXERCICE 4
Réactivez votre canal tout entier

IL VOUS FAUT : Un endroit calme où vous pouvez vous asseoir ou vous allonger confortablement.

DURÉE : 10 à 20 minutes.

- Installez-vous confortablement et détendez-vous. Lorsque vous êtes prêt à commencer, fermez les yeux.
- Imaginez un faisceau de lumière blanche qui descend vers vous en provenance du Cosmos lointain. Visualisez-le en train de traverser les galaxies et le système solaire, puis se diriger vers vous, ici, sur la planète Terre.
- Laissez la lumière blanche briller sur le dessus de votre tête, puis descendre dans votre tête et dans votre cou. Elle descend ensuite le long de votre corps. Ce faisceau lumineux a une forme cylindrique, semblable à un tuyau ou à un tube qui traverse le centre de votre corps en passant devant la colonne vertébrale.
- Une fois qu'il atteint votre chakra racine, laissez-le se diviser et descendre dans vos deux hanches et jambes, en passant par vos cuisses, vos genoux, vos mollets, vos chevilles, puis par la plante de vos pieds.
- À partir de là, visualisez la lumière blanche qui converge pour ne former plus qu'un seul faisceau qui s'enfonce dans le sol jusqu'au cœur de la Terre. Connecter votre canal au cœur de

la Terre est très important, car c'est cela qui vous permet de rester ancré. Être clairvoyant, ce n'est pas avoir la tête dans les nuages. C'est au contraire appliquer votre guidance divine dans votre vie physique de tous les jours.

- Asseyez-vous et prenez quelques instants pour prendre conscience de votre canal actif, connecté et dynamisé.
- Désormais, la lumière blanche universelle vous parcourt de haut en bas et connecte à travers vous le Cosmos au cœur de la Terre. L'étape suivante vous offre une connexion encore plus forte à l'énergie nourricière de la Terre.

Note : La Terre nourricière est, à elle seule, une âme et un esprit et c'est également une source de grande sagesse – ce que les cultures indigènes savent depuis des millénaires. En puisant en elle, nous exploitons un degré de notre propre sagesse qui est généralement ignoré par la société occidentale.

- Imaginez une magnifique lumière rouge intense (du même rouge qu'un grand vin) qui part du cœur de la Terre et remonte vers vous. Alors que la lumière venant d'en haut est vibrante et énergisante, la lumière rouge qui provient de la Terre est chaude, réconfortante et nourricière.
- Ressentez cette lumière rouge qui traverse la plante de vos pieds et qui rentre dans votre canal, dans le chemin inverse. Elle remonte le long de vos jambes, de vos hanches, du centre de votre corps et jusque dans votre tête. Elle ressort ensuite par votre chakra coronal et rejoint le Cosmos.

- Continuez de respirer profondément et régulièrement et prenez le temps de prendre conscience de ce flux d'énergie.
- Maintenant, la lumière blanche descend votre canal, tandis que la lumière rouge et chaude le remonte. Ces deux énergies circulent simultanément sans se gêner.
- Après quelques minutes, ouvrez lentement les yeux et reprenez vos esprits. Votre canal va rester ouvert et laisser circuler le flux.
- Répétez cet exercice dès que vous vous sentez mentalement, émotionnellement affaibli, bloqué ou à tout moment, dès que vous voulez renforcer votre canal.

Alors que votre canal s'assainit, vous commencez à remarquer d'autres bénéfices et l'un d'eux est que vous allez immédiatement devenir plus intuitif. Votre canal est désormais plus ouvert et libre de vous apporter toute l'information et la guidance que vous désirez.

Mon canal est, pour moi, un outil inestimable. C'est le conduit pour toute l'inspiration et les informations que je transmets à mes clients. Voici quelques astuces simples pour dégager et renforcer votre merveilleux canal.

Vous avez désormais un canal pleinement fonctionnel qui est probablement plus réceptif qu'il ne l'a jamais été depuis votre prime enfance. Ne soyez pas désemparé, si lors de votre première tentative vous ne « voyez » rien ou si vous ne ressentez pas grand-chose. Cela viendra avec le temps.

Pour travailler avec votre intuition, il faut apprendre à vous détendre davantage et à laisser les choses se produire plutôt que de faire en sorte qu'elles se produisent. Votre sensibilité augmentera avec de la pratique.

Il est possible de ressentir toute sorte de réactions légères, lorsque vous réveillez et purifiez votre anatomie intuitive. De légères démangeaisons, des fourmillements, une envie de rire, de pleurer ou de bâiller sont des réactions très communes. Certains d'entre vous pourront avoir un peu chaud après avoir travaillé sur ce puissant flux énergétique. C'est tout à fait normal et c'est une belle manière de valider le changement opéré dans votre énergie personnelle.

Après avoir fait cet exercice pour la première fois et avoir réactivé votre canal, vous pouvez le pratiquer chaque jour, afin de véritablement récupérer un canal en excellente forme et le maintenir ainsi. Depuis plus de dix ans, j'utilise régulièrement cette technique pour garder un canal vigoureux.

EXERCICE 5
Technique d'entretien du canal

LA RESPIRATION

IL VOUS FAUT : Un endroit calme où vous pouvez vous asseoir ou vous allonger confortablement.

DURÉE : 5 à 10 minutes.

- Comme pour l'exercice précédent, choisissez un endroit calme où vous asseoir ou vous allonger confortablement.
- Commencez par inspirer profondément, tout en visualisant l'énergie nourricière de la Terre que vous attirez à travers vos pieds, vos jambes et votre corps, puis que vous laissez partir tout en haut dans le ciel.
- En expirant, visualisez l'énergie et la lumière qui arrivent de l'Univers, traverse votre canal et votre corps tout entier, avant de retourner dans la Terre.
- Faites ceci quelques fois et imaginez que chaque inspiration, chaque expiration attire davantage d'énergie et de lumière, permet de nettoyer, d'élargir et de renforcer votre canal.
- Répétez cet exercice dans le sens inverse, en attirant l'énergie de l'Univers avec votre inspiration et en laissant la Terre vous remplir sur votre expiration.

À la fin de cet exercice, vous serez capable de ressentir l'énergie bouger simultanément dans les deux directions, où que vous en soyez dans votre cycle respiratoire. Ce flux bidirectionnel constant est celui avec lequel votre canal fonctionne naturellement. Il vous permet d'être guidé sur le plan divin tout en étant ancré dans le même temps.

EXERCICE 6
Technique d'entretien du canal

LA COULEUR ET LA LUMIÈRE

IL VOUS FAUT : Un endroit calme où vous pouvez vous asseoir ou vous allonger confortablement.

DURÉE : 5 à 10 minutes.

- Installez-vous confortablement et fermez les yeux.
- Visualisez votre canal de pure lumière blanche.
- Lorsque vous êtes prêt, laissez votre canal se remplir d'une couleur lumineuse intense. La première couleur qui vous vient à l'esprit convient.
- Imaginez cette couleur descendre tout le long de votre canal tout en le purifiant et en le renforçant. Laissez-la descendre jusqu'à vos pieds, puis dans la Terre. Sentez-vous dynamisé et renforcé par cette merveilleuse lumière guérisseuse, puis demandez-lui de vous apporter la guidance divine et la connexion spirituelle que vous désirez.
- Sentez cette lumière colorée remonter de la Terre pour traverser de nouveau votre canal, afin de créer un flux bidirectionnel constant. Souvenez-vous de votre intention de purifier et de renforcer votre canal en faisant cet exercice, car c'est ce qui va se produire.

Rappelez-vous en effet qu'une séance en salle de sport fait du bien, mais que seule une pratique régulière permet d'obtenir les résultats escomptés, et si un exercice régulier apporte des bénéfices à votre corps, il en est de même pour l'état de votre canal.

Les exercices qui suivent sont des exercices d'entretien recommandés qui peuvent être pratiqués tous les jours pour maintenir un flux d'énergie excellent au niveau de votre canal. Choisissez celui que vous préférez ou alternez-les pour varier les plaisirs.

Lorsque vous choisissez la couleur, vous êtes libre d'opter pour celle qui vous plaît. De nombreuses personnes voient leur couleur favorite en premier, tandis que d'autres sont attirées par des couleurs qui ont une certaine signification pour elles. Si vous voyez du vert, par exemple, cela peut signifier que vous avez besoin d'aide pour des affaires de cœur, parce que le vert est la couleur principale du chakra du cœur. Cela peut aussi vouloir dire qu'à cet instant précis, le vert est une couleur apaisante et guérisseuse pour vous. Essayez de ne pas trop analyser ces choses et laissez les pouvoirs guérisseurs de l'énergie de la lumière faire le travail pour vous.

Lorsque je pratique ces exercices pour moi-même, je suis souvent guidée par mes anges vers les couleurs brillantes dorées et argentées. À de nombreuses reprises, ils m'ont indiqué combien ces couleurs puissantes pouvaient être bénéfiques en matière de guérison et de renforcement. Lorsqu'un client est particulièrement fatigué, je suis souvent guidée pour utiliser une énergie qui me rappelle le champagne ! C'est une couleur dorée douce, merveilleusement pétillante et fraîche qui est idéale pour vous faire du bien, lorsque vous vous sentez un peu épuisé. D'ailleurs, il est également possible d'utiliser un arc-en-ciel complet. C'est l'une de mes options favorites et c'est une énergie vraiment agréable avec laquelle travailler. Alors que vous vous exercez à visualiser et à travailler sur votre canal, il vous suffit de faire appel à un arc-en-ciel. Vous pourrez alors bénéficier des pouvoirs guérisseurs de toutes les couleurs du spectre à la fois. Imaginez un arc-en-ciel qui descend sur le dessus de votre tête, puis tout le long de votre canal et qui laisse chacune des couleurs circuler librement en vous afin de corriger les déséquilibres et résoudre les blocages sur leur passage.

Utilisez l'une de ces techniques, chaque jour, pendant quelques minutes, et votre canal sera dégagé et puissant. Chaque fois que vous pratiquerez, vous pourrez affiner votre capacité à recevoir votre guidance divine sous toutes ses formes. Vos chakras en bénéficieront également et vous vous sentirez ravivé et relaxé.

Maintenant que vous avez posé les bases de votre anatomie spirituelle, il est temps de travailler sur la partie réellement excitante qui consiste à activer votre écran intérieur.

Activez votre écran intérieur

Votre écran intérieur est connecté à votre chakra frontal et il a pour fonction de faciliter la vision clairvoyante.

L'écran intérieur est un outil utile, car il offre à votre esprit conscient quelque chose sur lequel se concentrer. Pour certains, le fait de simplement fermer les yeux et d'espérer voir apparaître quelque chose peut suffire. Cependant, en autorisant la formation d'un écran intérieur, vous permettez alors à votre esprit d'y retourner chaque fois dans une attente positive.

EXERCICE 7
Créez votre écran intérieur

IL VOUS FAUT : Un endroit calme où vous pouvez vous asseoir ou vous allonger confortablement.

DURÉE : 10 à 15 minutes.

- Fermez les yeux et concentrez-vous sur la surface intérieure de votre front.
- Laissez un faisceau de couleur ou de lumière entrer dans cette zone et créer un écran clair et large, pour vous, à cet endroit, à l'intérieur de votre front. N'essayez pas de voir quoi que ce soit sur cet écran pour le moment. Contentez-vous de l'imaginer en train d'être parfaitement créé et préparé pour vous.
- Certains d'entre vous remarqueront que cette zone semble dense ou voilée, car votre écran intérieur – à l'instar de votre canal – peut être submergé par les soucis, les émotions, le désordre et par le bruit de votre esprit. Demandez au flux de couleur et de lumière de venir pour nettoyer ce qui vous encombre et pour dégager votre écran intérieur.
- Utilisez votre imagination pour visualiser un grand écran de cinéma blanc ou un écran plasma de télévision très plat sur lequel vous pouvez voir vos images. Lorsque je fais faire cet exercice à un groupe de personnes, il en ressort toujours une très grande variété d'écrans intérieurs.

- Prenez du plaisir et amusez-vous lorsque vous composez votre écran intérieur. Vous imaginez peut-être une main en train d'essuyer la surface intérieure de votre front afin de nettoyer l'écran, ou alors une brise fraîche qui souffle et repousse le brouillard que les esprits rationnels entretiennent depuis longtemps sous la forme d'un scepticisme, d'une incrédulité ou d'un manque de confiance en leurs propres capacités. Vous pouvez même inviter une personne célèbre à venir dévoiler cet écran en tirant sur une corde ou en levant votre rideau intérieur.
- Il n'y a ni bonne ni mauvaise façon de procéder, par conséquent faites ce qui vous semble bon pour vous et soyez confiant dans le fait que cela va se concrétiser. Au début, il est difficile de voir des images aussi claires et nettes dans votre esprit, alors posez votre intention, mobilisez toute votre attention et faites de votre mieux.
- Une fois que vous avez nettoyé votre écran intérieur, ouvrez lentement les yeux et reconnectez-vous avec votre environnement réel en sachant que votre écran intérieur est dégagé et prêt à recevoir ce qui sera nécessaire.
- Ayez confiance en votre écran intérieur pour vous aider à développer votre clairvoyance.

Rappelez-vous que votre intention est très importante. En créant votre écran intérieur, vous posez une nouvelle fois l'intention claire de vouloir développer votre vision clairvoyante.

À ce stade, je voudrais souligner l'importance de ces exercices simples. Aucun d'eux ne nécessite trop de temps et quelques minutes par jour suffisent pour accomplir des merveilles.

En devenant plus performant, vous serez capable de renforcer et de nettoyer votre canal, votre écran intérieur et vos chakras en un rien de temps, que vous soyez assis dans un train, dans un bus ou au bureau.

Idéalement, le meilleur moment et le lieu idéal sont au calme chez vous ou dans un groupe de méditation. Cependant, si vous êtes toujours « trop occupé », alors vous devez trouver du temps pour le faire. Votre anatomie spirituelle est similaire à votre anatomie physique et elle est tout aussi importante. Si vous en prenez soin et si vous vous en occupez, alors elle restera saine et forte et elle vous rendra vos efforts au centuple.

Lectures complémentaires à ce sujet :

Wheels of Light, Rosalyn L. Bruyere

Le Pouvoir bénéfique des mains, Barbara Ann Brennan

Anatomie de l'esprit, Caroline Myss

CHAPITRE 5

RENCONTREZ VOS ANGES ET VOS GUIDES SPIRITUELS

Merci encore pour la séance d'aujourd'hui. Je n'ai pas cessé une minute de penser à ce que vous m'avez dit. Je me réjouis à l'idée d'avoir un ange rien qu'à moi. Non pas un, mais deux. Il est important de souligner le fait qu'ils ont veillé sur moi tout ce temps et qu'ils m'aiment de façon inconditionnelle. Je ne peux m'empêcher de me mettre à pleurer à certains moments, car j'ai l'impression qu'après tant de temps à me sentir seul, je ne le suis plus désormais. Je n'aurais jamais cru pouvoir changer si facilement, moi qui suis sceptique après tout.

Robert M., Sydney, 2005

D'après mon expérience, rares sont les personnes qui ne sont pas un tant soit peu intriguées à l'idée de rencontrer l'un de leurs anges ou guides spirituels. J'ai la chance d'avoir beaucoup voyagé et, où que je sois allée, j'ai toujours rencontré des gens avides d'en apprendre davantage à ce sujet.

Certaines personnes croient déjà dur comme fer à l'existence de leurs amis invisibles, d'autres ont déjà ressenti auparavant une présence aimante, en particulier pendant les moments difficiles de leur vie. Il est naturel d'être sceptique, car nous vivons après tout dans un monde où nous avons besoin de la preuve physique ou réelle de l'existence de toute chose.

J'ai récemment eu la chance d'aller à Rome et d'admirer les œuvres d'art monumentales qui recouvrent les murs et les plafonds des bâtiments du Vatican et de la chapelle Sixtine. J'ai été saisie par la façon dont les anges étaient dépeints depuis longtemps dans l'art. Ils sont généralement représentés dans des scènes de grand drame, de triomphe, avec souvent une connotation religieuse. Nous en déduisons de manière subliminale que les anges sont réservés à des personnes spéciales ou qu'ils sont dédiés aux mythologies de certaines religions. Heureusement, aujourd'hui notre point de vue a évolué et de très nombreuses personnes confessent volontiers leur intérêt pour leurs anges et pour leurs guides spirituels et font part des expériences vécues à leur côté.

On me demande très souvent quelle est la différence entre les guides spirituels, les anges, les archanges et les maîtres ascensionnés, car ce sont les quatre différents niveaux d'êtres avec lesquels j'entre en communication pendant les séances. J'ai appris avec le temps que chacun de ces groupes vit dans une dimension ou dans une vibration différente. La vibration dans laquelle vivent les guides spirituels est la plus proche de notre dimension, ici sur Terre. En d'autres termes, ils sont sur une fréquence similaire.

Tous les guides spirituels ont vécu auparavant sur Terre en tant qu'êtres humains, ce qui leur offre une compréhension profonde des expériences que nous vivons ici. Dès notre naissance, nous sommes entourés de quelques guides spirituels. Certains restent ensuite avec nous tout au long de notre vie, tandis que d'autres ne font que passer, le temps de nous aider à traverser certaines expériences et de nous faire comprendre certaines choses.

Par conséquent, le nombre de guides spirituels peut varier d'une personne à une autre. En effet, selon les étapes que vous traversez dans votre vie, de nouveaux guides arrivent et d'autres partent.

Je me souviens nettement de l'effet positif produit sur une cliente, lorsque cette dernière s'est connectée avec un guide spirituel alors qu'elle traversait une passe difficile. Cette femme avait la trentaine. Elle ne s'était jamais mariée et elle était dévastée par le décès de ses deux parents, morts la même année. Lorsqu'elle était venue me voir, la première fois, elle se sentait très seule et elle avait réalisé qu'elle avait accordé peu d'attention ou d'énergie au fait de se marier, car ses parents et sa carrière avaient toujours occupé une place capitale dans sa vie.

Elle pleurait souvent, le soir, dans son lit, en se demandant quand son tour viendrait et en réalisant que sa timidité naturelle l'avait empêchée de nouer des contacts avec les hommes susceptibles de l'intéresser. Sa vie, jusqu'ici protégée, était transformée à jamais et elle avait besoin d'aide.

Depuis sa première séance avec moi, elle avait pris conscience de ses guides spirituels et nous les avons de nouveau appelés pour leur demander de l'aide. Peu de temps après, alors qu'elle était couchée dans son lit, une nuit, elle a senti une présence chaleureuse l'entourer et un sentiment de calme envahir son esprit. Elle m'a rapporté une sensation d'apaisement, comme si quelqu'un caressait sa joue avec amour et peignait ses cheveux en dégageant son visage strié de larmes. C'était un moment très réconfortant et rassurant pour elle.

Cette expérience s'est reproduite la plupart des nuits pendant les quelques mois qui ont suivi. Alors qu'elle se sentait seule dans sa maison, elle parla à ce guide spirituel et elle lui fit part de ses sentiments et de ses peurs. Elle se mit à penser à lui en l'appelant Tom. Il était très clair pour elle que c'était un homme et elle pouvait décrire son apparence. En se remettant de son deuil, elle se mit même à le considérer comme un véritable ami.

Un jour, cette femme réalisa qu'elle n'avait pas vu Tom depuis un moment. Sa vie était devenue tellement active qu'elle n'avait plus pensé aux guides spirituels ni aux anges depuis plusieurs mois. Elle se sentait un peu coupable en se rappelant à quel point les visites de Tom avaient compté pour elle. En y repensant, elle réalisa qu'il ne s'était pas manifesté depuis que quelque chose de vraiment particulier s'était produit dans sa vie.

Au cours de ces derniers mois, elle avait fini par remarquer les attentions d'un homme avec lequel elle travaillait. Il avait toujours été gentil avec elle, mais elle n'y avait jamais vraiment prêté attention. Un jour, il l'invita à déjeuner. Alors qu'ils se parlaient, il finit par la toucher. Elle comprit qu'elle l'aimait énormément, qu'elle était restée proche de lui sans jamais se rendre compte qu'elle l'aimait.

Leur relation est très vite devenue sérieuse, ils se sont rapidement fiancés et ils sont très heureux ensemble. Soudain, il lui parut évident que Tom avait été présent pour l'aider à traverser cette période de solitude, après la mort de ses parents. Il avait écouté son désir d'être en couple et de créer sa propre famille.

En ce sens, notre connexion avec nos guides spirituels et nos anges peut être amusante. Nous pouvons penser à eux lorsque nous sommes contrariés, puis les « oublier » quand le problème est résolu. Ils ne nous en tiennent pas rigueur, parce qu'ils comprennent que la douleur émotionnelle est un peu comme la douleur physique. Or, quand la douleur a disparu, vous ne remarquez plus la partie de votre corps qui souffrait.

Ainsi, puisque vos guides spirituels vont et viennent, il est toujours bon de vérifier de temps à autre qui est présent à vos côtés. J'ai récemment fait la connaissance de l'un de mes guides. Apprendre à le connaître et à travailler avec lui a été une merveilleuse expérience.

D'après ce que certains de mes anges me racontent (pas tous), ils ont eux aussi vécu sur Terre et ceux qui n'ont pas vécu ici ont tout de même le don d'empathie et ils parviennent à nous comprendre. Tous les anges nous permettent de mieux comprendre nos vies. La vibration, la fréquence ou la dimension qu'ils apportent est d'une tonalité plus élevée. Cela ne signifie pas pour autant qu'ils sont meilleurs que les guides spirituels ou que les humains. Ils ont cependant une vue et une compréhension différentes. Il est d'ailleurs commun que les anges disent à un client qu'ils apprennent autant de lui que lui d'eux.

Le fait d'autoriser nos anges à nous aider est bénéfique pour eux, car cela constitue une part importante de leur mission. Je sais par expérience que chaque personne garde en général le même nombre d'anges toute sa vie et que certains anges jouent un rôle plus ou moins important selon le moment. Nos anges nous connaissent depuis notre naissance et ils nous aident à choisir le type d'incarnation qui sera le plus bénéfique pour notre chemin de vie.

Bien sûr, ils sont aussi là pour nous aider. Toutefois, à moins que nos parents ne soient suffisamment éveillés et qu'ils nous enseignent leur présence, la plupart d'entre nous oublient les anges au moment de la puberté.

Lorsque vous faisiez part à vos parents de votre connaissance des anges, ils vous disaient sans doute que c'était le fruit de votre imagination. Cette tendance est heureusement en train de s'inverser et de plus en plus d'adultes expérimentent la présence angélique et la partagent avec leurs enfants.

Il semblerait qu'il n'y ait aucune limite au nombre de guides spirituels ou d'anges que vous pouvez avoir autour de vous. D'ailleurs, certaines personnes se retrouvent entourées d'une véritable troupe. Que vous soyez conscient de la présence de vos anges ou pas, vous pouvez être assuré qu'ils sont à vos côtés.

Les archanges et les maîtres ascensionnés habitent eux aussi dans des sphères différentes. Ayant été des anges et/ou des guides spirituels dans leurs précédentes incarnations, ils sont très expérimentés et puissants. Tous ces groupes sont omniprésents, ce qui signifie qu'ils sont à tout moment disponibles pour aider chacun de nous. Ces êtres ont une telle vibration que le simple fait de penser à l'un d'eux peut apporter du réconfort et donner un véritable coup de fouet à votre propre vibration

Vous connaissez certainement déjà (ne serait-ce que par leur nom) les archanges Michaël, Gabriel, Raphaël et Uriel. Ils sont encore plus puissants que vous ne l'imaginez. Les maîtres ascensionnés forment un immense groupe parmi lesquels on peut citer la Sainte Vierge, Marie Madeleine, Jésus (Jésus Sananda), Joseph d'Arimathie, Saint-Germain, Lady Nada et Kuthumi. Dans le cadre du présent ouvrage, nous nous concentrerons uniquement sur votre groupe personnel, c'est-à-dire sur vos guides spirituels et vos anges. Vous pouvez bien entendu faire des recherches de votre côté pour en apprendre plus sur les archanges et sur les maîtres ascensionnés.

Au fil des années, j'ai parlé à de nombreuses personnes qui, lorsqu'elles se trouvaient dans une situation délicate, se sentaient protégées ou sauvées par une force extérieure. Il y a longtemps, j'ai rencontré un homme qui avait eu un terrible accident de voiture dans la campagne, en Nouvelle-Zélande. Une fraction de seconde avant l'accident, il a vu un flash brillant de lumière et il a eu le sentiment que tout allait bien se passer, malgré le chaos qui se produisait autour de lui.

La mémoire de cette lumière l'a aidé à rester positif et fort et lui a permis de tenir et de traverser une longue période de rétablissement. Il finit par comprendre que les changements que l'accident avait provoqués dans sa vie étaient positifs et il en fut extrêmement reconnaissant.

J'ai également rencontré, à de nombreuses reprises, des anges serviables venus me réconforter ou m'aider. Je pense à une visite en particulier, survenue il y a quelques années. J'avais déjà pris l'habitude, à l'époque, d'avoir toujours mes anges et guides spirituels auprès de moi. Si je me souviens bien, c'était au cours d'un été très chaud, début février[1]. Un ami ne parvenait pas à retrouver son chat qui était vieux et faible.

Ce chat était son animal de compagnie adoré. Il avait près de vingt ans et il ne supportait pas la vague de chaleur avec des températures qui dépassaient les 40 °C. Il était environ vingt-deux heures, lorsque mon ami me téléphona pour me dire qu'il avait cherché son chat absolument

1. N.D.É. : L'auteure vit en Australie, dans l'hémisphère Sud, où les saisons sont inversées.

partout. Il était extrêmement inquiet et ne voulait pas que son animal souffre.

Ma vision clairvoyante ne me révélait absolument rien. Nous avons discuté un moment, nous nous sommes dit au revoir, puis je suis allée me coucher. Après être restée 15 minutes, allongée avec les yeux fermés, j'ai ressenti le besoin urgent de les rouvrir. Au pied de mon lit se tenaient trois anges gigantesques. Trois hommes costauds et très masculins, dont les contours étaient blancs comme des nuages. J'ai instinctivement pensé qu'il s'agissait des archanges Gabriel, Raphaël et Michaël. L'énergie de leur présence était calme, rassurante et merveilleuse.

La rencontre ne dura pas plus de 10 secondes. Je les ai regardés, debout, devant moi. Eux ne me regardaient pas vraiment. Ils semblaient regarder à travers ou autour de moi. J'ai immédiatement eu la sensation très forte que le chat de mon ami allait être retrouvé vivant et en bonne santé. Les anges ont alors disparu et je me suis recouchée.

Le lendemain matin, j'ai reçu un e-mail de mon ami, qui m'informait qu'il était heureux d'avoir retrouvé son chat environ 20 à 30 minutes après la fin de notre conversation téléphonique. Le chat dormait, sous la maison, dans un endroit où mon ami était persuadé de l'avoir déjà cherché. Bien entendu, j'étais ravie et j'avais une nouvelle bonne raison de dire merci aux anges.

Oui, je sais. Vous avez hâte de découvrir comment vous connecter avec vos merveilleux amis. L'exercice qui suit est simple et efficace pour rencontrer vos anges et vos guides spirituels.

Avant de commencer cet exercice, posez clairement l'intention que vous souhaitez vraiment rencontrer l'un de vos anges ou guides spirituels. Si l'idée d'avoir des anges et des guides spirituels autour de vous est totalement nouvelle pour vous, vous risquez de ressentir une certaine nervosité. En pareil cas, ne vous inquiétez pas. Posez l'intention de vous connecter avec ces êtres qui vous aiment et qui ont à cœur de servir au mieux vos intérêts.

Assurez-vous d'avoir fait au moins une fois les exercices du chapitre 4, avant de passer à l'exercice suivant.

Ce livre est présenté dans un certain ordre pour une bonne raison, il est donc préférable de faire au moins une fois chaque exercice en suivant la séquence comme elle se présente, exactement comme vous le feriez en suivant l'un de mes cours et en apprenant quelque chose de nouveau chaque semaine.

Après les avoir tous faits, en commençant par l'entretien des chakras et l'activation du canal et de l'écran intérieur du chapitre 4, vous pourrez alors piocher dans les exercices qui vous attirent le plus et vous concentrer sur ce qui vous intéresse.

Je vous recommande également de vous munir d'un cahier ou d'un carnet, afin de consigner les expériences que vous allez vivre ainsi que les informations que vous allez recevoir. En effet, dès que votre esprit sera de nouveau occupé à autre chose, vous aurez tendance à très vite oublier les détails et les bouts de papier volants sur lesquels on griffonne se perdent facilement. Offrez-vous un beau carnet dans lequel vous pourrez écrire toutes vos aventures, cela en vaut la peine.

EXERCICE 8

Rencontrez l'un de vos anges ou guides spirituels

IL VOUS FAUT : Un endroit calme où vous pouvez vous asseoir ou vous allonger confortablement. Un stylo et un cahier ou un carnet.

DURÉE : 10 à 20 minutes.

- Commencez par vous asseoir ou par vous allonger confortablement. Assurez-vous de ne pas être dérangé : éteignez votre téléphone et mettez un mot « Ne pas déranger » sur la porte. Il est préférable de ne pas faire cet exercice sur votre lit. En effet, son objectif n'est ni de vous endormir ni même de vous détendre, mais d'être calme, concentré et prêt à vous connecter.
- Prenez quelques minutes pour activer votre canal comme indiqué dans le chapitre 4. Vous saurez ainsi que votre canal est ouvert et fort. Souvenez-vous que votre canal est votre antenne pour votre guidance divine. Plus vous l'entraînerez, plus il fonctionnera pour vous.
- Placez votre stylo et votre carnet à portée de main.
- Maintenant, fermez les yeux et prenez le temps de considérer votre intention, c'est-à-dire la raison pour laquelle vous faites cet exercice : rencontrer l'un de vos guides spirituels ou anges.

- Imaginez-vous en train de voyager dans le ciel, de flotter ou de voler, puis de quitter votre chambre et de vous envoler dans le ciel en allant de plus en plus haut. Imaginez-vous en train de dépasser les nuages. Sentez-vous heureux, libre, excité et plein d'espoir.
- Imaginez votre canal semblable à une corde qui vous guide dans votre voyage dans l'espace et qui vous sécurise en vous reliant à la planète Terre.
- Très vite, vous vous êtes tellement élevé que vous commencez à quitter l'atmosphère terrestre et que vous partez dans l'espace.
- Visualisez-vous en train de dépasser la Lune et les planètes du système solaire telles que Vénus, Jupiter, Neptune et Pluton. Faites en sorte que votre voyage soit le plus coloré et le plus intéressant possible. Il n'y a aucune raison de vous dépêcher. Arrêtez-vous et observez les magnifiques anneaux colorés de Saturne ou émerveillez-vous des comètes et des astéroïdes qui planent autour de vous.

Note : si vous voulez être vraiment minutieux, vous pouvez prendre le temps de regarder un atlas de l'astronomie sur Internet, afin de vous familiariser avec la géographie céleste avant de vous lancer. Vous pourrez ainsi mieux visualiser là où vous vous trouverez.

- Continuez votre voyage ascensionnel dans le Cosmos en affirmant votre intention claire de faire ce parcours pour rencontrer l'un de vos anges ou de vos guides spirituels. Vous allez bientôt quitter le système solaire et vous trouver dans l'immensité de l'espace où vous allez continuer de voyager pendant une ou deux minutes ou plus pour profiter de l'incroyable paix de l'Univers et pour admirer la brillance des étoiles.

- Lorsque vous vous sentez prêt, arrêtez-vous, et laissez-vous flotter sur place dans l'espace, avec les planètes et les étoiles qui bougent lentement autour de vous.
- Faites une pause et ressentez la fiabilité de l'accompagnement et l'ancrage que votre canal vous procure.
- Maintenant que vous êtes un peu plus habitué à « flotter » dans l'espace, imaginez un petit point très lumineux au loin. Celui-ci s'approche et vient dans votre direction. Il avance très vite et suit une trajectoire très précise, tout en grossissant.
- Il finit par se trouver là, devant vous, à quelques centimètres de vous. Il est tellement brillant que vous pouvez ressentir le besoin de vous protéger les yeux. Rappelez-vous que vous êtes là pour rencontrer un guide spirituel ou un ange. C'est une rencontre que vous avez attendue toute votre vie. Vous allez bientôt remarquer que l'intensité de cette masse de lumière commence à s'adoucir un peu et vous êtes alors capable de la regarder fixement.
- En regardant, vous commencez à voir une forme apparaître devant vous. Contentez-vous d'observer. Détendez-vous et laissez l'ange ou le guide

spirituel venir à vous. Soyez réceptif et ouvert. Notez tout ce qui se produit.

- Vous pouvez avoir la sensation qu'il s'agit d'un homme ou d'une femme et remarquez tous les détails de son apparence, etc. Laissez l'image de votre ange ou de votre guide spirituel se former dans l'œil de votre esprit. Cherchez sans cesse à recevoir davantage d'informations. Il est tout à fait possible de poser autant de questions que vous le souhaitez, en particulier si vous n'êtes pas très visuel à ce moment-là.
- Demandez à votre ami(e) de quelle couleur sont ses yeux, ce qu'il/elle porte comme vêtements, quel est son nom, si c'est un ange ou un guide spirituel. Même si vous ne « voyez » pas cet être, vous allez le ressentir, car son énergie est chaude et merveilleuse. Vous aurez peut-être envie de l'atteindre et de lui serrer les mains ou de le prendre dans vos bras.
- Continuez d'examiner votre guide spirituel ou votre ange, jusqu'à ce que vous ayez le sentiment d'avoir recueilli un maximum d'informations à son sujet. Ayez confiance en ce que vous ressentez et laissez libre cours à vos impressions. Votre ami(e) peut avoir n'importe quel nom et n'importe quelle apparence. Les anges n'ont pas systématiquement de grandes robes et des ailes en or et les guides spirituels se manifestent sous un nombre infini d'apparences.
- Lorsque vous avez le sentiment que vous avez passé suffisamment de temps pour vous retrouver avec votre ami, vous pouvez alors faire le

chemin retour vers la Terre avec votre guide ou votre ange à vos côtés.

- Utilisez votre canal comme ligne directrice pour faire le voyage en sens inverse au milieu des étoiles et du système solaire. Revenez dans l'atmosphère terrestre. Visualisez-vous en train de descendre doucement et gracieusement avec votre guide spirituel ou votre ange à vos côtés. Vous revenez directement au point où vous avez démarré votre voyage.
- Faites en sorte que votre voyage retour soit logique et séquentiel. Revenez par le même chemin que celui emprunté à l'aller. Revenez au pays, à la ville ou au village, à la banlieue ou au quartier, à la rue, à l'immeuble ou à la maison, puis finissez dans la pièce où vous vous trouvez. Confirmez le lieu et le moment, par exemple votre adresse et la date du jour. Respirez profondément, remuez vos doigts et vos orteils. Ressentez le poids de votre corps sur votre chaise et ouvrez les yeux. Vous êtes revenu là où votre voyage a commencé. Votre ange ou votre guide spirituel est désormais à vos côtés.
- Maintenant, avant de faire quoi que ce soit d'autre, prenez votre stylo et votre carnet, puis écrivez chacun des détails dont vous vous souvenez, y compris son nom, si vous le connaissez. Il est vraiment utile de prendre des notes dès le début de ce travail, car il est très facile de retourner ensuite à votre vie quotidienne bien occupée et d'oublier la moitié de ce que vous avez expérimenté.

Ce processus entier ne peut prendre que quelques minutes seulement, mais vous pouvez vous accorder aussi tout le temps que vous souhaitez. Vous pouvez par exemple prendre une demi-heure, afin de savourer ce moment et d'en profiter.

VARIANTE

Une autre visualisation simple pour rencontrer votre ange ou votre guide spirituel est décrite ci-dessous. Vous pouvez alterner entre les deux versions ou choisir votre style de visualisation préféré.

IL VOUS FAUT : Un endroit calme où vous pouvez vous asseoir ou vous allonger confortablement. Un stylo et un cahier ou un carnet.

DURÉE : 10 à 20 minutes.

- Asseyez-vous ou allongez-vous confortablement dans un endroit calme et privé.
- Prenez quelques minutes pour réaliser l'exercice de connexion de votre canal du chapitre 4. Ainsi, vous aurez un canal ouvert et fort.
- Placez votre stylo et votre carnet non loin de vous.
- Maintenant, fermez les yeux et prenez quelques minutes pour considérer votre intention et la raison pour laquelle vous faites cet exercice : pour rencontrer l'un de vos anges ou guides spirituels.
- Souvenez-vous que votre équipe céleste est toujours avec vous, même si vous n'en avez pas

pris conscience jusqu'à maintenant. Détendez-vous et respirez profondément, puis invitez vos anges et vos guides spirituels à venir près de vous et à former un cercle d'amour autour de vous.

- Imaginez-les en train de former ce cercle autour de vous. Ne luttez pas pour voir ou ressentir quelque chose à tout prix. Suivez l'expérience telle qu'elle vient. Continuez de les inviter et dites-leur qu'ils sont les bienvenus.
- Alors qu'ils se rassemblent autour de vous, il est possible que vous vous sentiez ému et que vous ayez chaud, comme si l'atmosphère de la pièce avait changé. Soyez ouvert et continuez à les inviter.
- Demandez ensuite à l'un des membres de votre groupe de se faire connaître plus précisément en s'avançant pour établir une connexion plus fluide. Vous pourrez alors avoir l'impression que quelqu'un s'approche de vous et pose une main aimante sur votre épaule ou qu'il s'agenouille devant vous. Certaines personnes ressentent une brise fraîche ou une caresse sur leur joue.
- Posez-lui ensuite de simples questions et écoutez ses réponses avec votre cœur. Acceptez les premières impressions qui vous viennent et n'essayez pas de les analyser. Demandez-lui si c'est un ange ou un guide spirituel, s'il est masculin ou féminin, à quoi il ressemble et comment il s'appelle.
- Restez détendu et répétez les questions si vous le souhaitez, mais sans essayer de forcer quoi

que ce soit. Connectez-vous, soyez ouvert et ressentez les réponses plutôt que de vous attendre à un certain type d'explication.

- Si vous souhaitez ajouter une question supplémentaire, faites-le. Par exemple : « Avez-vous un message pour moi ? » ou « Êtes-vous ici pour m'aider ou pour m'apprendre quelque chose en particulier ? »
- Imaginez ensuite que vous touchez votre ange ou votre guide et que vous l'étreignez.
- Laissez-le vous indiquer un merveilleux sentier doré : le chemin de votre vérité suprême dans cette vie. Ensuite, prenez votre ange ou votre guide par le bras ou par la main et avancez sur votre chemin entouré de son amour et de son soutien, sachant que vous n'empruntez pas cette voie tout seul.
- Laissez cette scène se baigner d'une merveilleuse lumière (de quelque couleur que ce soit). Remerciez vos anges et vos guides d'être avec vous et remerciez celui avec lequel vous êtes entré en connexion aujourd'hui pour son amour et son soutien. Engagez-vous ensuite à rester plus en contact avec eux à partir de maintenant.
- Éprouvez encore un moment ces sensations merveilleuses, puis ouvrez lentement les yeux. Prenez une grande et profonde inspiration et ressentez l'énergie chaleureuse qui vous entoure. Écrivez ensuite tout ce dont vous pouvez vous souvenir dans votre carnet, tout en continuant de savourer votre expérience.

Si à tout moment, au cours du processus, vous sentez que vous dérivez, contentez-vous de revenir là où vous avez décroché. Il n'y a ni bonne ni mauvaise façon de procéder, vous pouvez donc ajouter votre touche personnelle si vous le souhaitez. Certaines personnes aiment s'imaginer qu'elles marchent dans une magnifique forêt, qu'elles s'arrêtent dans une clairière ou dans un verger où elles rencontrent leur nouvel ami. Si vous avez un lieu ou un décor de prédilection et que vous préférez l'utiliser, alors n'hésitez pas. Aucune méthode n'est meilleure qu'une autre. Le plus important est que cela fonctionne pour vous.

Chaque fois que vous faites cet exercice, vous ne rencontrez normalement qu'un seul ange ou guide spirituel, mais il est possible que deux ou plus se présentent à vous. Il n'y a pas de règles. Soyez ouvert et prêt à toutes les surprises. Faites-vous confiance et ayez confiance en ce que vous voyez.

Demandez bien leur nom à ceux avec lesquels vous vous connectez. J'ai remarqué que les personnes qui se liaient plus facilement à un ange ou à un guide spirituel étaient celles qui connaissaient leur prénom. Il semblerait qu'il n'y ait pas de prénoms typiques et en dix ans de pratique j'ai entendu des guides spirituels et des anges avec des prénoms simples tels que Bob et Jane et d'autres avec des prénoms plus inhabituels tels que Wohan et Erethelia.

Une fois le contact établi, il n'est pas nécessaire de répéter ce processus pour le même ange ou le même guide spirituel. En revanche, vous pouvez répéter l'exercice pour rencontrer d'autres membres de votre clan, si vous le souhaitez. Si vous traversez une période difficile ou si vous voulez solutionner quelque chose en particulier, vous pouvez demander de rencontrer l'être le plus enclin à vous aider face à ce problème. Vous pouvez ensuite être orienté vers le guide spirituel ou l'ange – nouveau ou pas – qui sera le plus à même de vous aider.

Restez en contact avec vos guides

Apprendre à mieux connaître vos anges ou vos guides est également très simple. Développez votre relation avec eux en leur parlant dans votre esprit. Commencez la journée en les invitant à se joindre à vous et à rester à vos côtés, en disant : *« Bonjour, Erethelia, merci pour cette merveilleuse journée, viens s'il te plaît et reste avec moi tout au long de la journée. Aide-moi si possible pour… »*, etc.

Demandez à vos anges et à vos guides spirituels de se dévoiler davantage à vous, lors de vos moments de calme et de détente. Prenez le temps de vous asseoir et de communier avec eux ou contemplez-les avant de vous endormir. Et, si vous ne parvenez pas à obtenir un nom au cours de ce processus initial, continuez de poser la question et vous finirez par le connaître.

Vos anges et vos guides spirituels veulent avoir une relation privilégiée et proche de vous. Par conséquent, parlez-leur de vous, racontez-leur votre vie, partagez avec eux vos ressentis et vos rêves. C'est un peu comme renouer avec un vieil ami que vous aviez perdu de vue. Il faut rattraper le temps perdu, alors laissez-vous aller.

Les messages de vos nouveaux amis peuvent apparaître sous différentes formes. Dites, par exemple, que vous êtes frustré, car vous ne parvenez pas à déterminer le nom de votre ange. Or, si vous vous attendez à entendre une voix de stentor vous répondre dans votre tête, vous serez probablement déçu. Il est bien entendu possible de recevoir la réponse sous la forme d'une voix tonitruante, comme dans les films. Il y a cependant une plus forte probabilité pour que vous ayez seulement une sensation ou l'idée d'un nom, c'est-à-dire une impression plus subtile et non quelque chose qui vous fera tomber de votre fauteuil.

Vos amis célestes vont également utiliser des objets et des situations du quotidien pour communiquer avec vous. Il est donc important d'être observateur, comme cette cliente qui n'arrêtait pas de demander à son ange qu'il lui donne son prénom. Elle m'a téléphoné, totalement frustrée, pour me dire : « *Peut-être qu'il ne veut pas me dire son nom* », puis elle est partie travailler.

Le jour même, le prénom Daniel ne cessait de se manifester à elle. On lui présenta quelqu'un qui s'appelait Daniel, elle dut s'occuper de deux enquêtes pour lesquelles les clients s'appelaient tous deux Daniel et, en conduisant pour rentrer chez elle, elle se retrouva à l'heure de pointe, dans les bouchons, derrière une voiture portant une plaque minéralogique customisée avec les lettres DAN. Elle finit par comprendre et se mit à rire jusqu'à sa maison.

Vos anges et vos guides spirituels trouveront toute sorte de manières créatives et intéressantes pour communiquer avec vous et pour vous aider à développer votre foi en leur présence. Ils ont un sens incroyable du timing et de l'humour. Leur approche nous pousse généralement à ralentir et à profiter de la vie plutôt que de courir sans cesse pour accomplir des choses. Une de leur méthode la plus couramment reconnue est de laisser des plumes sur votre chemin, un peu comme une carte de visite, afin de vous rappeler qu'ils sont dans les parages. Elles peuvent se trouver soit dans un endroit insolite pour vous, soit se démarquer dans un lieu qui vous est familier (dans un parc, par exemple).

Leurs messages peuvent venir à vous sous différentes formes. Par conséquent, soyez observateur et ne vous laissez pas surprendre par certaines coïncidences. Une chanson que vous avez déjà entendue prendra soudain un nouveau sens, plusieurs personnes pourront soutenir des idées similaires dans leurs conversations ou les gros titres du prochain journal ou magazine que vous lirez auront une signification très personnelle. Ils vont utiliser tous les moyens qui seront à leur portée, car ils savent très bien que votre esprit est souvent trop occupé pour entendre clairement des messages sous la forme orale.

Avec le temps, vous apprendrez à remarquer et à répondre aux plus subtiles formes de contact, comme à ce sentiment intérieur que vos anges ou vos guides spirituels vous donnent un coup de pouce pour faire les choix les plus positifs pour vous-même. Arriver à recevoir des messages aussi subtils demande de la pratique et de la volonté. Il vous faudra aussi de la patience pour vous défaire de cette habitude qui consiste depuis toujours à écarter vos ressentis intuitifs.

Il est important de réaliser que l'Univers n'utilise aucune des nombreuses langues présentes sur Terre. En effet, le véritable langage de l'âme est celui des ressentis. Par conséquent, si vous sentez que c'est bien, alors passez à l'action et si vous sentez que c'est mal, ne faites rien. C'est aussi simple que cela.

L'une des façons les plus efficaces pour permettre à vos anges et à vos guides spirituels de vous aider est de leur parler en leur faisant part de votre intention et en les responsabilisant. La vieille approche consistant à demander quelque chose en disant : « *S'il te plaît, donne-moi ceci ; s'il te plaît, fais que telle ou telle chose se produise ou s'il te plaît, fais ça pour moi* » n'est plus très efficace.

Faisant partie du processus évolutif global de l'humanité, nous sommes encouragés à prendre la responsabilité et le contrôle de la création de notre propre réalité. Il n'y a pas un « Dieu » là-haut qui exauce les vœux de certains et pas ceux des autres. Nous devons apprendre à accepter le fait que nous créons et que nous attirons en grande partie ce que nous expérimentons dans nos vies.

À cette fin, une meilleure façon de « faire des demandes » de quelque nature que ce soit est de les formuler ainsi :

« *Chers anges, que dois-je faire ou ne pas faire, que dois-je commencer ou arrêter, que dois-je comprendre ou embrasser ou de quoi dois-je me libérer, afin de faire entrer ceci dans ma vie ou de vivre cette expérience ? Que puis-je faire pour aider cet événement à se produire ? Comment puis-je m'autoriser à recevoir (quel que soit l'objet de votre demande) ?* »

Vous comprenez la différence ? Vous ne suppliez pas de manière passive en attendant que l'Univers trouve la solution pour vous. Vous activez au contraire l'énergie puissante de votre intention et vous indiquez à vos guides spirituels, à vos anges et à l'Univers que vous souhaitez faire votre part et travailler de concert avec eux.

Lorsque vous communiquez avec vos amis célestes de cette manière, cela leur donne davantage envie de vous aider en créant des situations et des occasions qui favorisent la concrétisation de vos souhaits. De cette manière, vous allez co-créer votre vie avec leur aide et vous aurez la chance de faire des changements et des choix qui vous permettront de mieux atteindre vos objectifs.

Devenir plus intuitif et plus clairvoyant ne revient pas à attendre que quelqu'un d'autre résolve les problèmes de votre vie à votre place. Cela consiste au contraire à travailler avec vos assistants pour développer vos propres aptitudes et forces innées, puisque vous êtes et devenez un être puissant et spirituellement éveillé.

Vous pouvez aussi utiliser cette méthode pour demander de l'aide pour des questions moins tangibles. Vous pouvez par exemple avoir envie de développer des qualités dont vous pensez manquer telles que le courage, la compassion, la confiance ou la foi en vous. Demandez à vos anges : *« Comment puis-je développer une plus grande foi en moi-même ? Que dois-je faire ou ne pas faire, apprendre ou laisser tomber ? »* est une expérience très valorisante qui va générer d'incroyables opportunités pour vous.

Il est possible que vous ne reconnaissiez pas tout de suite la réponse à votre requête. Ce n'est que plus tard en regardant en arrière que vous vous direz : *« Waouh ! Je me suis senti très fort dans cette situation et je suis resté fidèle à mes positions. Quelle chance d'avoir pu développer ma confiance en moi ! »*

L'un des derniers avantages à travailler de la sorte avec vos guides spirituels et vos anges est de découvrir très vite ce que vous voulez *vraiment*. Il est facile de bombarder vos anges de requêtes et de leur adresser une liste de course : *« Donne-moi ça, ça, ça et encore ça. »* Toutefois, lorsque vous vous placez dans l'équation et que vous prenez conscience que vous devez faire la moitié du chemin pour rencontrer l'Univers et agir pour servir au mieux vos intérêts, alors vous éliminez très vite tout le superflu. Vous êtes ensuite libre de vous concentrer sur ce que vous désirez vraiment pour vous-même et pour votre vie. Vous découvrez alors que lorsqu'une requête est posée sincèrement, avec le cœur et la volonté de participer, l'Univers répond toujours.

Vous rappelez-vous Robert M. qui avait écrit pour faire part de son expérience lors de sa rencontre avec ses anges au début de ce chapitre ? Il est depuis reparti vivre aux États-Unis et voici ce qu'il m'a écrit, deux ans plus tard :

Cette première rencontre avec mes anges a été une expérience très puissante pour moi. Quelques semaines après cette première séance, mes problèmes respiratoires ont cessé et le sentiment d'anxiété que cela générait a disparu… Cela m'a donné une meilleure appréciation de ma personnalité et grâce à cette meilleure compréhension j'ai pu devenir la personne que je voulais être dans cette vie. C'est comme si j'avais fait un bond dans ma compréhension de l'Univers et, plus important encore, de la place que j'y occupe…

Robert M., Idaho, États-Unis, 2006

Lectures complémentaires à ce sujet :
Lumière sur les anges, Diana Cooper
Communiquer et guérir avec les anges, Doreen Virtue
Archanges et maîtres ascensionnés, Doreen Virtue

Site Internet :
www.crystalinks.com
Une formidable source pour tous les sujets de ce livre, y compris les anges et les maîtres ascensionnés.

CHAPITRE 6

COMMENT MENER UNE CONVERSATION PSYCHIQUE ?

Chaque fois que je parlais de partir en croisière, ma femme devenait agitée et se mettait même en colère. J'ai alors eu une conversation psychique avec elle à ce propos. Quelques jours plus tard, elle est venue me voir pour me dire que l'idée de partir en croisière la terrifiait, mais elle s'était trouvée stupide de me l'avoir dit. Avoir mené cette conversation psychique avec ma femme nous a permis de comprendre le fond du problème.

G. D., Sydney, 2000

Je ne sais pas vous, mais au cours de ma vie j'ai parfois eu des difficultés à communiquer mes véritables sentiments à une autre personne. Heureusement, j'ai toujours réussi (mais pas systématiquement) à faire savoir à quelqu'un qui me plaisait que je l'aimais ou que je l'appréciais. Je veux cependant parler de ces conversations difficiles dans lesquelles le sujet abordé est délicat ou soulève le désaccord ou le conflit.

Comme la plupart des gens, je préférerais courir un kilomètre sur des braises ardentes plutôt que de me retrouver en conflit avec quelqu'un. Pendant très longtemps, j'ai été impressionnée par les autres, en particulier par ces personnes chez qui je percevais du caractère ou une propension à laisser ouvertement éclater leur colère. Je trouvais cela terrifiant et je voulais éviter ce genre de situation à tout prix. Or, nous savons tous que la fuite n'est généralement pas une solution et qu'elle peut même aggraver les choses.

Il serait merveilleux de pouvoir tous être idéalement posés et suffisamment courageux pour aller directement voir la personne impliquée dans une affaire ou dans un malentendu et discuter avec elle en tête à tête. Aussi, nous nous sommes tous déjà autofustigés pour notre manque de maturité dans certaines situations. Si vous vous reconnaissez là, alors souvenez-vous que la communication – verbale comme écrite – est connue pour n'être que partiellement effective et peut occasionner des malentendus.

C'est là que la technique de la conversation psychique peut être extrêmement utile, car c'est un outil qui peut vous aider à communiquer avec une autre personne de façon efficace et en douceur.

Dans ce cas, le terme « psychique » ne fait pas référence aux dons médiumniques. Il n'est pas question ici de lire dans le futur ni de puiser dans les convictions et les pensées d'une autre personne. Ce terme fait référence au fait que nous communiquons tout le temps les uns les autres à des degrés beaucoup plus subtils, généralement sans même nous en rendre compte. En effet, des observateurs et des chercheurs dans le domaine de la communication humaine ont reconnu depuis longtemps que le fait de se parler ne représente que 10 % de toutes les communications humaines.

Nous communiquons entre nous de façon beaucoup plus éloquente à travers notre langage corporel, l'expression de notre visage, nos actions et nos *pensées*. Si vous croyez que vous pouvez être contrarié ou en colère contre quelqu'un et le lui cacher sans rien lui dire, alors vous vous trompez. Les êtres humains sont incroyablement sensibles et même si l'objet de votre colère ou de votre souffrance ne peut décrire précisément la vibration que vous dégagez, votre interlocuteur saura que quelque chose cloche.

Une conversation psychique est efficace, car grâce à elle vous communiquez non seulement avec des mots et des pensées, mais également avec des sentiments. Peu importe la langue que nous parlons ou la génération à laquelle nous appartenons, nous sommes tous capables, en tant qu'êtres humains, de discerner le pouvoir et l'énergie qui se dégagent des sentiments, parce qu'ils vont au-delà de notre esprit rationnel qui va essayer de les filtrer et de les interpréter, alors qu'ils s'adressent directement à notre cœur et à nos tripes.

Les conversations psychiques sont également d'une grande aide lorsque la personne avec qui vous voulez communiquer habite loin. Les appels téléphoniques, les lettres, les e-mails et les autres messages à distance sont connus pour être sources de malentendus, d'autant plus si vous n'avez pas vu la personne depuis un moment.

Donc si vous frémissez à l'idée de faire face à quelqu'un pour lui faire part d'une requête ou d'un problème, si vous savez que votre voix ou votre lèvre inférieure va trembler, si vous craignez de fondre en larmes ou d'oublier la moitié des choses que vous voulez dire, ne vous en voulez pas. Ce n'est pas un signe de faiblesse, mais c'est simplement humain.

Si, comme moi, vous êtes incapable de tenir votre langue lorsque vous essayez de communiquer vos sentiments, alors cela peut aussi vous aider. Nous sommes tous sensibles aux réactions et aux opinions des autres et il est parfois difficile de trouver les bons mots sous la pression.

Le monde est composé de beaucoup de gens qui, pour obtenir gain de cause, essaient de nous intimider. Or, les conversations psychiques ont ceci de merveilleux qu'elles nous permettent d'approcher quelqu'un dont nous pourrions avoir peur et d'obtenir un résultat positif. Cela peut transformer des ennemis supposés en amis ou changer ceux qui nous intimident en personnes qui nous soutiennent. Elles peuvent résoudre des problèmes avec des êtres qui ne font plus partie de notre vie ou nous aider à nous séparer définitivement d'eux. Enfin, cela peut nous donner un sentiment de force intérieure dont nous ne soupçonnions pas l'existence.

Toutefois, la technique de la conversation psychique ne consiste pas à forcer les autres à adopter votre point de vue. Elle a pour but de vous offrir la possibilité d'exprimer clairement votre vérité sans craindre d'être interrompu ou moqué. La conversation psychique m'a été enseignée par mes anges et par mes guides, il y a de nombreuses années. Ce n'est pas comme un outil à utiliser immédiatement, sans avoir laissé d'abord une chance à l'autre. J'y ai recours dès lors que toutes mes tentatives pour exprimer mes sentiments ou mes besoins ont été vaines et quand il semble évident que l'autre personne ne s'ouvre pas à mon point de vue.

La conversation psychique ne sert pas à manipuler les autres. Elle ne peut pas les influencer de façon abusive pour les obliger à faire ce que vous voulez. C'est simplement une autre façon de communiquer avec une autre personne. Un mode de communication que la plupart d'entre nous ont oublié ou peinent à reconnaître.

En ayant une conversation psychique avec une personne, vous pouvez communiquer avec elle à un degré beaucoup plus profond et direct et vous pouvez vous exprimer clairement et pleinement, sans craindre d'être interrompu ni de faire face à une réaction négative.

Après avoir appris la technique de la conversation psychique, j'ai réalisé qu'à un degré moindre, j'avais déjà connu ce type de conversations avec les autres au cours de ma vie. Nous en avons tous déjà eu.

Prenez un instant pour réfléchir à cela. Si quelqu'un vous contrarie, vous tient à l'écart, oublie votre anniversaire (de naissance ou de mariage) ou autre, que faites-vous ? Il est fort probable que vous allez vous rejouer la scène dans votre tête de nombreuses fois, en vous imaginant pouvoir gérer la situation avec davantage de courage ou de calme. Vous allez repasser la conversation dans votre esprit, passer en revue les sensations que vous éprouvez et ce que vous voulez. Vous tournez généralement en rond, jusqu'à en avoir assez. Malgré tous ces efforts et tout ce stress, la situation n'est toujours pas résolue pour vous. C'est un processus paralysant, car vous vous sentez impuissant. Vous ne faites alors que ressasser votre angoisse et laissez les choses empirer pour vous-même. Or, savoir comment mener une conversation psychique va tout changer.

La conversation psychique utilise l'incroyable pouvoir de notre conscience et de notre subconscient, afin de créer une communication constructive qui honore et respecte toutes les personnes impliquées. En concentrant votre attention sur la personne et sur la difficulté que vous rencontrez, vous pouvez résoudre des situations qui seraient sinon restées longtemps sans solution. La conversation psychique vous offre la possibilité de communiquer avec les autres au niveau du cœur, avec une ouverture beaucoup plus importante et une compréhension plus profonde. Or, comme vous êtes alors capable de vous concentrer pleinement sur vos sentiments et sur ce que vous voulez communiquer, ce processus devient véritablement efficace.

Souvent, lorsque nous essayons de communiquer avec les autres de façon habituelle (oralement ou par écrit), nous rencontrons des barrières érigées par cette personne au niveau de l'ego et de l'esprit conscient. Heureusement ou malheureusement, nous avons tous grandi en croyant que nous devons défendre notre position dans la vie. Nous sommes persuadés que comprendre le point de vue d'une autre personne est une sorte de faiblesse ou une faille qui nous mènera d'une façon ou d'une autre à notre perte.

En grandissant dans un monde complexe et compétitif, nous avons développé des défenses puissantes. En effet, *nous tous* en avons et les utilisons. La conversation psychique ne revient pas à seriner l'autre que vous avez raison et qu'il a tort. C'est un outil qui doit être utilisé avec respect afin d'exprimer vos véritables ressentis, sans censure ni interruption.

Concernant les conversations psychiques, mes anges m'ont appris la règle des « trois coups et vous sortez », que je trouve très utile. Si vous avez une conversation psychique avec la même personne à trois reprises et que vous ne parvenez pas à obtenir de réponse de sa part, il est alors temps d'accepter qu'elle ne soit tout simplement pas intéressée par votre point de vue et il convient de passer à autre chose. Vous avez utilisé l'outil avec intégrité, exprimé vos sentiments clairement et décrit en détail l'issue que vous souhaitez, mais ce que votre interlocuteur fera de cet échange n'appartient qu'à lui. Nous sommes des êtres doués de libre arbitre et nous ne sommes pas là pour dépenser notre temps et notre énergie en essayant de forcer les autres à se plier à nos volontés. En acceptant la règle des trois coups, vous faites preuve d'humilité et de flexibilité pour lâcher prise et aller de l'avant.

La technique de la conversation psychique m'a permis d'obtenir des réponses et des résultats incroyables. Elle m'a prouvé que nous pouvons communiquer avec les autres au niveau de la pensée, sans nous trouver dans la même pièce, la même ville ni le même pays.

Après avoir mené une conversation psychique avec une personne, il m'est arrivé de recevoir ensuite un appel téléphonique de sa part ou de l'avoir rencontrée dans la rue, certaines fois après des années sans l'avoir vue. Non seulement elle me contactait, mais elle entamait surtout une discussion qui traitait du même sujet qui me préoccupait. Selon la solution que j'avais espérée et demandée, la personne m'appelait pour présenter des excuses ou pour me faire part d'une importante information.

L'exemple typique est celui de mon expérience lorsque j'ai été augmentée, alors que je travaillais dans l'industrie de la mode. Mon patron nous avait clairement dit que nous n'aurions aucune augmentation dans un futur proche. Je savais cependant que, comparé à mes collègues, j'étais considérablement sous-payée. Je trouvais alors mon patron très intimidant et je ne voyais aucun moyen pour discuter de ce point avec lui. Or, après avoir mené deux conversations psychiques avec lui à ce sujet, un miracle s'est produit.

Environ une semaine après la seconde conversation, j'ai été convoquée dans son bureau. Je n'avais aucune idée de la raison de cette réunion et j'avais oublié mes tentatives *via* la conversation psychique. Vous imaginez ma surprise et ma joie, lorsqu'il me dit que j'allais être augmentée.

Il m'a alors clairement demandé de n'en parler à personne, étant donné que la politique de la société ne permettait alors pas les révisions de salaire. Il avait toutefois constaté que j'avais travaillé dur et il savait que j'avais commencé avec un fixe plus bas que celui de mes pairs, du fait de mon manque d'expérience pour le poste. Or, je n'avais encore jamais été augmentée depuis mon arrivée dans la société. Mon supérieur avait donné la permission au propriétaire de l'entreprise de m'augmenter de 5 000 $ par an !

J'étais enchantée et j'avais du mal à ne pas en rire. J'eus beaucoup de mal à garder la nouvelle pour moi, mais j'ai remercié mes anges pour leur aide environ une centaine de fois ce jour-là. Il semblait évident que ma conversation psychique avec mon patron avait fonctionné.

Un autre exemple éloquent est lorsque je sortais avec un homme qui m'attirait beaucoup. Il était professeur dans la salle de gym où je m'entraînais. Avec du recul, je peux dire aujourd'hui que j'aurais dû mieux le connaître.

Nous sommes sortis ensemble pendant un moment et il était très gentil. Cependant, après quelques mois, je ne pouvais m'empêcher de penser que quelque chose clochait. Il avait de temps à autre un comportement étrange, il recevait des appels à des heures indues – ce qui semblait le contrarier – et il annulait parfois un rendez-vous à la dernière minute.

J'étais évidemment intimidée et j'avais essayé de lui parler de cela, mais il faisait la politique de l'autruche ou bien il me disait que j'exagérais. Je n'avais rien de concret à lui reprocher et je n'avais subi aucun préjudice, mais mon intuition me disait que quelque chose ne tournait pas rond. Comme je vous l'ai dit, j'étais très amoureuse de ce garçon à l'époque et mon ego voulait croire que tout allait bien.

Il était professeur de gym et coach personnel après tout, c'est-à-dire quelqu'un de très demandé et de très occupé !

Certains de mes amis avaient des doutes quant à son comportement, mais les autres me disaient d'arrêter de chercher à tout savoir et ils me conseillaient de me détendre et d'être patiente. J'ai fini par suivre mon instinct et décidé d'avoir une conversation psychique avec lui, afin de savoir où j'allais.

Ce que j'attendais de cet échange était qu'il me dise avec honnêteté ce qui se passait dans sa vie, afin que je puisse faire des choix éclairés à propos de mon engagement envers lui. Une fois encore, le résultat a été meilleur et plus rapide que je ne l'avais escompté. Il m'a téléphoné le lendemain matin pour me dire qu'il voulait me voir dès que possible. Il est venu chez moi pour un petit déjeuner tardif et sans que je lui demande quoi que ce soit, il m'a tout avoué.

J'ai découvert qu'il n'était pas prêt à s'engager dans une relation sérieuse. Il avait commencé à sortir avec moi sans avoir totalement rompu avec sa petite amie précédente et il hésitait entre se réconcilier avec elle ou rompre définitivement. C'était compliqué et confus et aucune femme ne peut être flattée par ce genre de révélation. Ce n'est jamais réjouissant de découvrir que vous êtes le second choix, cependant j'étais enfin face à la vérité et je pouvais mettre un terme à notre relation sans avoir le moindre doute.

Même si la vérité n'est pas facile à entendre, la conversation psychique m'avait permis d'atteindre mon but, j'ai pu prendre une décision raisonnée et passer à autre chose.

J'espère qu'après cela vous ne tenez plus en place et que vous trépignez d'impatience en suppliant : *« Comment dois-je faire pour mener une conversation psychique ?! »*

Je vais vous l'expliquer. Lisez les instructions avec attention et faites au plus simple. Ce n'est pas un processus compliqué. Le plus important est que vous ayez au préalable essayé de discuter de ce problème avec la personne et que vous entamiez la conversation psychique avec elle avec la plus grande honnêteté et intégrité.

Votre intention compte beaucoup et il est important de recevoir une réponse positive et utile. Si votre intention est juste d'imposer vos vues à l'autre personne, de la blâmer pour votre malheur ou de tenter de lui prouver que vous avez raison, alors l'Univers ne vous soutiendra pas. La conversation psychique n'est pas un moment pour s'indigner ou pour tenter vainement de manipuler la volonté ou le comportement des autres. Assurez-vous que votre intention est uniquement d'exprimer vos sentiments véritables de façon claire et honnête.

Dans certaines occasions, ces sentiments pourront inclure la colère ou la déception. Vous pourrez faire savoir à votre interlocuteur que vous n'avez pas aimé ce qu'il a dit ou fait, mais il ne doit jamais être question de lui faire du tort. Vous devez exprimer vos sentiments à propos d'une problématique et créer l'occasion pour les exprimer.

EXERCICE 9
Menez une conversation psychique

IL VOUS FAUT : Un endroit calme où vous pouvez vous asseoir ou vous allonger confortablement.
Une intention claire.

DURÉE : 20 minutes environ.

- Commencez par décider de la personne à qui vous allez parler et du sujet que vous allez principalement aborder.
- Asseyez-vous ou allongez-vous confortablement dans un lieu tranquille et calme. Calmez votre esprit et concentrez-vous sur votre intention ainsi que sur l'issue que vous voudriez connaître après cette conversation.
- Imaginez-vous en train de contacter cette personne par quelque moyen que ce soit, en lui téléphonant par exemple. Informez-la calmement de ce dont vous souhaitez lui parler. Indiquez-lui le lieu et l'heure. Assurez-vous de lui donner rendez-vous dans un endroit confortable dans lequel vous vous sentez très à l'aise et en sécurité. Ce peut être votre café favori, un parc, une plage ou même votre propre salon si vous préférez. Quel que soit le lieu que vous choisissez pour parler à cette personne, ce sera le bon.
- Visualisez la personne arriver comme vous le lui aviez indiqué. Accueillez-la et demandez-lui de s'asseoir où vous le souhaitez.

- Commencez en exposant clairement votre sujet. Dites-lui ensuite tout ce que vous n'avez pas été capable de lui communiquer jusqu'ici. Imaginez votre interlocuteur, assis, en train de vous écouter attentivement et respectueusement. Il intègre ce que vous lui dites sans réagir. Donnez-lui autant de détails que possible et nécessaire. C'est votre temps de parole. C'est l'occasion que vous avez créée pour cela, alors mettez ce moment à profit.
- Lorsque vous avez terminé, assurez-vous ensuite de dire l'issue que vous voulez. Vous devrez y avoir clairement pensé avant de commencer la conversation psychique, cependant si de nouvelles idées vous viennent à l'esprit pendant la conversation c'est bien aussi. N'omettez rien. Voulez-vous des excuses ? Voulez-vous recevoir un appel de cette personne ou qu'elle vous demande de renouer des liens d'amitié ? Peut-être voulez-vous vous remettre avec votre partenaire et lui présenter des excuses pendant la conversation ou peut-être voulez-vous une augmentation ? Assurez-vous que le résultat que vous escomptez soit très clair.
- Après avoir complètement exprimé vos sentiments et votre point de vue de la situation et après avoir posé clairement l'issue que vous aimeriez connaître, vous pouvez alors remercier votre interlocuteur d'être venu et de vous avoir écouté, puis lui demander poliment de partir. L'autre personne ne répond et ne réagit pas. Rappelez-vous qu'elle a son libre arbitre.

Par conséquent, ne tentez pas d'imaginer ce qu'elle pourrait penser. C'est vous qui êtes à l'initiative de ce rendez-vous et c'était votre occasion pour lui parler.

- Une fois que la personne est « partie », restez tranquillement assis avec les yeux fermés encore quelques instants. Prenez le temps de constater comment vous vous sentez, maintenant que vous vous êtes clairement et sincèrement exprimé. Laissez-vous absorber par ce ressenti. Quand vous êtes prêt, ouvrez les yeux.
- Si vous le souhaitez, notez les détails de cette conversation : la personne à qui vous avez parlé, ce que vous lui avez dit et l'issue escomptée.

Après avoir mené une conversation psychique, la plupart des gens rapportent qu'ils éprouvent un sentiment de soulagement et de légèreté, car ils ont enfin trouvé une façon constructive de se libérer de quelque chose qu'ils portaient en eux depuis un moment.

Maintenant, c'est au tour de l'autre personne de répondre et c'est le moment pour vous de lâcher prise, car vous ne pouvez pas la contrôler. La meilleure chose que vous puissiez alors faire est d'oublier la conversation psychique et de reprendre le cours de votre vie.

Si vous pensez avoir affaire à quelqu'un de particulièrement têtu ou réfractaire, alors vous pourrez engager jusqu'à trois conversations similaires en tout.

Quelquefois, la réponse viendra à vous d'une façon insolite. Vous pourrez par exemple obtenir les excuses attendues sous la forme d'une lettre ou d'une carte. La réponse pourra vous être livrée par l'intermédiaire d'une tierce personne et non en personne ni au téléphone. Comprenez que vous êtes en train d'apprendre une nouvelle manière de communiquer avec les autres. Or, comme toutes les pratiques, celle-ci nécessite de la pratique. Par conséquent, soyez patient et laissez de l'espace pour que le résultat escompté puisse arriver de façon miraculeuse.

L'un de mes souvenirs les plus saisissants à propos d'une conversation psychique remonte à plusieurs années. J'aidais l'une de mes élèves durant l'un des nombreux cours de méditation que je donnais. Cette jeune femme était harcelée par son ex-petit ami.

Elle avait rompu avec lui quelques mois auparavant, avant de rejoindre notre groupe. Cependant, elle restait muette en cours et je ne savais rien de sa situation. Le soir où j'ai expliqué la technique de la conversation psychique aux élèves, elle a suivi le processus comme les autres, puis nous sommes tous rentrés chez nous.

Ce n'était pas dans mes habitudes de me renseigner sur le contenu des conversations de chacun de mes élèves. Je le faisais uniquement pour les aider, s'ils ne comprenaient pas quelque chose ou s'ils se sentaient bloqués.

La semaine suivante, nous nous sommes retrouvés pour le cours et j'ai demandé qui avait une histoire à raconter suite à cette première tentative de conversation psychique. Cette jeune femme délicate a proposé de partager son expérience.

Nous avons tous été très troublés par la description qu'elle fit du comportement de son ex-petit ami avec elle. Elle avait mis un terme à la relation, car il devenait violent verbalement dès qu'il avait trop bu. Il se mettait à crier, partait brusquement en faisant claquer les portes. Ils avaient d'ailleurs reçu de nombreuses plaintes de leurs voisins. Elle avait eu du mal à le quitter. Quand il était sobre, il lui promettait que cela n'arriverait plus jamais et qu'il allait bien se tenir. Tel a été le cas pendant un moment et, alors qu'elle souhaitait réellement le soutenir dans la voie de la guérison, il refusait catégoriquement de consulter un professionnel.

Lorsqu'elle finit par trouver enfin la force de rompre, elle quitta la maison dans laquelle ils vivaient tous les deux pour s'installer dans une location. Après un mois ou deux, il était parvenu à trouver sa nouvelle adresse et il avait commencé à la harceler.

Du fait de ses appels insistants, elle avait dû changer de numéro de portable, mais il avait commencé ensuite à rôder devant chez elle à toute heure, à frapper à la porte et à l'attendre devant son travail. C'en était vraiment trop.

Elle nous expliqua qu'elle avait mis toute l'énergie et toute l'émotion qu'elle avait pu rassembler pour mener sa conversation psychique. Elle s'était autorisée à lui dire tout ce qu'elle avait eu trop peur de lui dire avant. L'issue qu'elle désirait avait été formulée très clairement : elle n'espérait même plus d'excuses de sa part et elle voulait qu'il la laisse tranquille.

Trois jours après sa conversation psychique avec son ex, elle a trouvé une lettre manuscrite dans sa boîte aux lettres. Sa première réaction fut un mélange de peur et d'envie de jeter la lettre, craignant qu'elle soit – comme à son habitude – violente et accusatrice. À son plus grand étonnement et soulagement, c'était une longue lettre d'excuses pleine d'émotion. Elle se terminait par la promesse de ne plus jamais la contacter ni même d'essayer de la retrouver.

Elle avait oublié la conversation psychique et repris le cours frénétique de sa vie. Elle avait un travail prenant dans les technologies de l'information et elle faisait de longues journées. Comme la plupart des gens, elle avait été sceptique et ne s'attendait pas sérieusement à ce que grand-chose se produise. En ayant entamé ce processus en partant du principe que cela pourrait l'aider sans lui faire de mal, elle n'avait pas ensuite attendu qu'un événement cataclysmique se produise. Lorsque nous nous contentons de faire notre part du « travail », puis que nous lâchons prise, l'Univers livre alors souvent quelque chose qui dépasse de loin nos attentes.

Cette jeune femme a continué de suivre les cours de méditation pendant plusieurs mois. Elle est ensuite devenue une cliente à titre particulier et nous sommes restées en contact. Je sais qu'elle n'a plus jamais entendu parler ni revu cet homme.

La technique de la conversation psychique est facile à apprendre. Suivez les instructions ci-dessus et vous saurez comment procéder. Il suffit de vous lancer.

Certaines personnes aiment allumer une bougie ou faire appel à leurs anges pour qu'ils les aident avant de commencer. Optez pour ce que vous voulez. Étant donné que c'est votre esprit conscient qui est concerné, la conversation psychique aura lieu dans votre tête. Cependant, puisque vous y mettez votre intention positive, votre honnêteté, vos sentiments et vos émotions, vous allez communiquer avec votre cœur. Votre interlocuteur n'aimera peut-être pas ce que vous lui direz ou pourra être en désaccord avec vous, mais il ne pourra pas nier ce que vous exprimez, du moment que l'on fait les choses avec intégrité et honnêteté.

Parfois, l'issue d'une conversation psychique est simplement d'être « d'accord ou pas d'accord » et, même si la relation est terminée, c'est l'occasion pour vous de partager vos émotions. À d'autres moments, cependant, cela peut faciliter la création de changements positifs et générer des liens plus forts et une meilleure compréhension.

Donc, allez-y et amusez-vous en apprenant à utiliser cette technique. Enfin, rappelez-vous que vous pouvez utiliser la conversation psychique pour de « bonnes » choses également. Si vous adorez quelqu'un qui est irritable ou difficile à aborder, vous pouvez utiliser la conversation psychique pour lui dire que vous l'aimez.

Lecture complémentaire à ce sujet :

Comment utiliser le pouvoir du subconscient, Dr Joseph Murphy

CHAPITRE 7

L'ART DE L'ÉCRITURE AUTOMATIQUE

J'avais déjà fait à plusieurs reprises l'expérience de merveilleuses séances de clairvoyance avec Belinda et je commençais à me faire à l'idée que nous avions tous en nous les moyens pour nous connecter à une forme invisible de guidance dont je « connais » maintenant l'existence. Je le sais, car je sens de façon inconditionnelle une sorte de « réalité » qui semble programmée dans mes cellules pour « savoir et comprendre » quand le moment est propice dans ma vie.

Patricia W. M., formatrice en entreprise, Sydney

L'écriture automatique est la manière la plus efficace pour travailler avec votre connexion clairvoyante. C'est une autre forme de *channelling* qui vous aide vraiment à ressentir la différence entre la réception de votre guidance divine et la poursuite quotidienne du fil de votre pensée.

Noter la guidance que vous recevez est aussi une excellente manière de capturer les informations au moment où elles arrivent. Vous dressez ainsi un compte rendu permanent auquel vous pouvez ensuite vous reporter dès que vous le souhaitez. Il est en effet très facile d'oublier ce que vous avez vu ou ce qui vous a été dit, tout comme il est aisé pour les autres d'interpréter les choses différemment. Écrire spontanément les pensées telles qu'elles se présentent vous fournit un merveilleux compte-rendu non seulement des informations que vous avez reçues mais aussi de votre clarté croissante au fur et à mesure que vous pratiquez.

Je ris toujours en relisant mes vieux gribouillis. Quand j'ai commencé à pratiquer l'écriture automatique, il y a plusieurs années, j'écrivais les choses les plus étranges. Cela commençait généralement vers trois heures du matin, lorsque je me réveillais suite à un cauchemar ou quand je me levais pour aller aux toilettes. Alors que je me recouchais, l'une de mes oreilles commençait à bourdonner, parfois tellement fort que je ne pouvais l'ignorer.

J'ai très vite compris que lorsque je prenais un stylo et un papier et que je commençais à écrire, ce bourdonnement cessait. À cette époque, j'avais une immense chambre à coucher et, à l'une des extrémités, j'avais construit une pyramide avec des tuyaux en cuivre. À cette époque, je croyais qu'en m'asseyant sous ce cadre en forme de pyramide, je devenais plus réceptive aux informations qui me parvenaient. Avec l'arrivée de l'hiver, j'avais alors décidé de pratiquer mon écriture automatique dans la chaleur confortable de mon lit.

Les mots qui coulaient directement dans mon stylo n'avaient alors quasiment aucun sens. Il convient à ce titre de souligner l'analogie avec les tuyaux rouillés. J'écrivais presque toujours la même phrase ou la même idée, que je répétais encore et encore. C'était une sorte de babillage insensé que j'aurais facilement pu ignorer et j'avais d'ailleurs très envie d'oublier tout ça.

J'ai également reçu un grand lot « d'informations » dans un français confus et en vieil anglais, avec des *thees*, des *thys* et des *thous*[1] ! Tout cela me semblait bizarre, mais ne me posait aucun problème. Je savais que ma guidance me contactait à une heure aussi avancée de la nuit, car c'était le moment où mon esprit n'était encombré ni par les pensées ni par les préoccupations de ma vie quotidienne. Cet instant où ma conscience était à marée basse était tout simplement la meilleure occasion pour entrer en contact avec moi.

Le sentiment procuré par l'écriture automatique est étrange au début. Nous sommes en effet habitués à ce que notre esprit contrôle tout ce que nous faisons et parvenir à lâcher prise pour laisser quelque chose circuler à travers nous relève du défi pour certains.

Je crois que l'écriture automatique existe depuis très longtemps. Les poètes, les écrivains et les musiciens à travers les âges ont évoqué cet appel de l'inspiration qu'ils ne pouvaient ignorer et qui devait être consigné par écrit sans aucune censure de leur part.

Certains de nos plus grands inventeurs et scientifiques ont connu des expériences semblables. Le Dr Samuel Hahnemann – l'homme qui a inventé l'homéopathie – était connu pour travailler et écrire la nuit, comme s'il était mû par une force qui le dépassait. Il lui arrivait même de veiller sans dormir pendant deux jours et deux nuits d'affilée, même à un âge avancé.

De grands compositeurs – et pas seulement Mozart – sont connus pour avoir composé des morceaux merveilleux à un très jeune âge et avec une rapidité déconcertante.

---

1. N.D.É. : *Thees*, *thys* et *thous* sont les formes de pronoms personnels sujets et de possessifs issues du vieil anglais de l'époque élisabéthaine. *Thees* = tu ; *Thys* = tien ; *Thous* = toi.

L'écriture automatique est souvent un processus très rapide qui ne laisse pas le temps à la conscience d'analyser et de critiquer ce qui est écrit. Vous devenez un canal pour un flot d'inspiration divine qui dépasse totalement votre propre base de connaissances et votre raisonnement. Vous pouvez toujours y revenir ensuite pour corriger, si vous le souhaitez, mais une fois que votre eau rouillée deviendra claire, vous n'aurez probablement pas besoin de le faire.

Quand j'étais jeune, je prenais plaisir à écrire de la poésie. Cependant, les plus beaux poèmes que j'ai écrits me sont venus des années plus tard, à trois ou quatre heures du matin, et je les ai rédigés en moins de cinq minutes, sans avoir besoin de les corriger. En voici un exemple :

LE MONDE INTÉRIEUR

Elle flotte sur des brumes de sable de mer
Entre le jour et la nuit étoilée.
Être libre est tout ce qu'elle espère ;
Un droit dont personne ne peut la priver.

L'or et l'argent de l'aube naissante
Flottent doucement dans ses cheveux lâchés.
De cette scène d'une beauté puissante,
Émanent des merveilles jamais égalées.

Dans la nuit sombre venue chercher
Cette joie de vivre que la nature orchestre.
Une lumière intense a su trouver
Son cœur céleste et son esprit terrestre.

Une prison jadis dans son cœur
Vient de disparaître à jamais.
Cette liberté convoitée avec ardeur
N'appartient plus qu'à elle désormais.

Enfin, après de nombreuses années,
Pouvoir lâcher larmes et désarroi,
Et de ses bras maintenant embrasser,
Toute la beauté de cet endroit.

La perfection, ici comme nulle part
Réside là, dans le monde intérieur.
Tout ce qui est bon et fin et rare,
Existe en elle.

Le voyage continue donc dans le cœur,
Là où l'immensité se laisse explorer.
Une porte s'ouvre sur la lueur
D'un monde où règne la sensibilité.

BELINDA ET SES AMIS, 1.7.2003

Vous remarquerez que j'ai signé ce poème « Belinda et ses amis », car je savais que je n'avais pas écrit cela toute seule. J'ai le mérite d'avoir su développer ma capacité à écrire automatiquement pour atteindre ce niveau de qualité et de m'être rendue pour ainsi dire disponible, mais le contenu provient en réalité de quelque chose de plus grand que ma conscience.

J'appelle cela l'Univers, Dieu/Déesse, le Grand Tout ou encore mes anges, mes guides spirituels ou ma guidance divine. C'était une inspiration (remplie de l'Esprit/Dieu) pure et simple et non quelque chose de fabriqué par ma conscience. Je tiens à souligner que j'ai reçu une aide merveilleuse en écrivant ces lignes.

Ce poème, comme tous les autres, m'est venu à mon insu, à une heure plutôt indue. Il est merveilleux de connaître de tels élans de créativité, mais ce n'est que l'une des formes de l'écriture automatique.

La forme que mes élèves, mes clients et moi utilisons le plus est celle de l'écriture automatique à la demande. C'est un outil incroyablement utile qui peut vous permettre de recevoir d'excellentes réponses à vos problèmes, d'être plus créatif, voire d'écrire un livre. Dans l'exercice qui suit, vous allez découvrir comment vous lancer, puis vous découvrirez qu'il existe autant de façons d'utiliser l'écriture automatique que vous pouvez espérer.

Je recommande, naturellement, de travailler en ayant pratiqué au préalable toutes les techniques des précédents chapitres de ce livre, car il est plus facile de recevoir des informations avec un canal qui a été programmé en ce sens. Il m'a fallu quatre ans pour passer du stade du baragouin de mes débuts à la clarté du poème que vous venez de lire.

Je crois que la raison pour laquelle cela m'a pris autant de temps est juste que je me débrouillais toute seule.

Aujourd'hui, mes élèves commencent à pratiquer l'écriture automatique dès la quatrième semaine de cours et ils ont souvent des résultats épatants. Cela découle du fait que leur canal a été réactivé et renforcé et qu'ils ont appris à se connecter à leur guidance divine à volonté. Si vous avez utilisé ce livre comme indiqué, alors vous savez vous aussi vous préparer et vous allez maintenant pouvoir construire sur ces solides fondations.

L'écriture automatique ne consiste pas à écrire ce que vous voulez entendre, puis à prétendre que vous vous êtes connecté à une source supérieure. C'est un véritable outil qui vous permet d'accéder à des informations bien au-delà de la sphère limitée de la pensée humaine, sans les manipulations habituelles ni les motivations sous-jacentes qui viennent avec la plupart de vos opinions et désirs. Par conséquent, avant de commencer l'exercice qui suit, prenez le temps de réfléchir aux types de questions que vous voudriez poser.

Il est toujours préférable de commencer avec des questions qui ne véhiculent pas une grosse charge émotionnelle pour vous. Si vous posez, par exemple, la question suivante : *« Vais-je perdre mon travail ? »* ou *« Mon petit ami va-t-il me demander en mariage ? »*, il est très difficile de rester impartial. Jusqu'à ce que vous ayez acquis une véritable maîtrise de cet outil, il vaut mieux éviter de telles requêtes, car votre impartialité est très importante.

Toutes les procédures décrites dans ce livre sont autant d'outils pour nous aider à lâcher prise et à nous autoriser à être guidés par quelque chose de plus grand que ce que nous pensons être.

La liste de questions qui suit vous donnera une idée du type d'interrogations utiles pour vous lancer. J'utilise bon nombre d'entre elles en cours.

- Quelle est la signification (et/ou le but) des arcs-en-ciel ?
- Existe-t-il une vie sur les autres planètes ?
- Quel est le but de la souffrance humaine ?
- Que dois-je faire ou ne pas faire ou que dois-je comprendre/réaliser/embrasser/laisser tomber, afin de vivre une vie plus heureuse et plus épanouie ?

Essayez de relever les différentes émotions que vous ressentez en canalisant une réponse à une question pour laquelle vous ne connaissez rien du tout. Comparez-les avec les sentiments éprouvés lorsque vous évoquez un sujet que vous connaissez et sur lequel vous avez déjà une opinion ou un avis. Ce sera un indicateur utile pour vous, car il vous permet de savoir si votre canal est impartial ou pas.

Cette liste n'est qu'un échantillon des questions avec lesquelles vous pouvez commencer. Choisissez-en une, suivez les étapes de l'exercice ci-après et lancez-vous dans la pratique de l'écriture automatique. Laissez votre main et votre stylo écrire pour vous, sans intervention de votre esprit. Souvenez-vous qu'il n'y a ni bonnes ni mauvaises réponses. Soyez juste conscients de votre intention d'être impartial et laissez circuler l'information.

EXERCICE 10
Écriture automatique : lancez-vous !

IL VOUS FAUT : Un endroit calme où vous pouvez vous asseoir ou vous allonger confortablement.
Un cahier ou un carnet.
Un stylo ou un crayon.

DURÉE : 10 à 30 minutes (au-delà de 30 minutes, vous aurez la crampe de l'écrivain !).

- Mettez-vous à l'aise et connectez-vous au faisceau de lumière blanche qui descend vers vous en provenance de l'Univers, qui vous traverse et qui va jusqu'au cœur de la Terre. Pensez ensuite au faisceau de lumière rouge qui remonte du cœur de la Terre et qui traverse votre corps de bas en haut, avant de partir par le sommet de votre tête.
- Restez dans ce flux d'énergie pendant un moment, jusqu'à ce que vous vous sentiez « branché » ou connecté.

Note : cette connexion finira par devenir instantanée. Elle sera activée par votre intention de travailler avec cette technique ou avec une autre.

- Focalisez votre intention sur le fait d'écrire automatiquement et autorisez-vous à devenir un canal pour des informations que vous allez écrire.

- Laissez votre conscience et votre raison prendre un peu de recul et faites de votre mieux pour accepter que l'information que vous êtes sur le point d'écrire n'ait peut-être rien à voir avec ce que vous pouvez penser, croire ou avoir appris. Restez détendu, calme et alerte, tandis que vous laissez arriver toutes les informations qui veulent venir à vous.
- Prenez votre stylo et votre carnet, puis concentrez-vous quelques instants sur une question, en veillant à bien garder votre intention en tête. Avant de commencer, écrivez la question choisie en haut de la page.

Note : il est fréquent que les novices se sentent bloqués, au début. Armez-vous de patience. Il est parfois utile de changer de question ou de la reformuler avec des mots qui vous conviennent.

- Laissez votre main écrire librement. Laissez les mots venir tels qu'ils arrivent sur le papier. Ceci n'est pas un test et, à ce stade précoce, nous ne nous attendons pas à ce que vous écriviez des alexandrins. Laissez les choses se produire sans aucun jugement ni critique et, s'il vous plaît, n'essayez pas de lire pendant que vous écrivez, car vous serez alors tenté d'analyser, ce qui bloquera le flot des mots.
- Le seul moment où vous pouvez vous arrêter est lorsque vous sentez que vous en avez terminé avec la question. Si, lors de votre première séance, vous voulez poser plus d'une question, enchaînez immédiatement.

Constatez si des différences existent dans la qualité des réponses.

- Ensuite, pratiquez, encore et encore, dès que vous le pouvez. Demandez à des amis, à des amis de vos amis et à votre famille de vous poser des questions simples et utiles, sur un sujet d'ordre général ou un peu plus personnel également.
- Assurez-vous de lire vos réponses avec prudence. Prenez en considération les significations littérales, tout en réfléchissant aussi à ce que l'on a pu essayer de vous dire.

Certains d'entre vous recevront sans doute des « trucs » incompréhensibles ou n'ayant aucun sens, comme c'était le cas pour moi la première fois. D'autres auront, en revanche, des mots isolés qui représenteront des points individuels et non une phrase complète. À d'autres moments, vous recevrez peut-être un flot plus régulier qui cessera d'un coup, sans raison apparente. Acceptez les choses telles qu'elles viennent et laissez votre don se développer à son rythme.

Continuez de vous entraîner et d'élargir votre répertoire. Une fois que vous aurez plus confiance en votre pratique, vous pourrez poser des questions qui auront une charge émotionnelle. Cela développera votre capacité à être impartial et à rendre votre canal plus efficace. Plus vous serez capable de mettre vos propres idées et opinions de côté, plus vous laisserez à l'Univers de l'espace pour exercer sa magie.

Il est également possible d'utiliser l'écriture automatique pour obtenir des informations qui guideront un ami, un membre de votre famille ou un client. Cependant, lorsque vous véhiculez des informations pour une autre personne, il y a des responsabilités des deux côtés.

En tant que médium, vous devez bien expliquer à l'autre personne quel est votre degré (ou manque) d'expérience. Votre autre responsabilité fondamentale est votre intention de vouloir uniquement le meilleur pour l'autre personne, en étant un canal parfaitement dégagé pour elle. Cela implique d'être honnête avec vous-même et de savoir si vos opinions ou vos jugements ne vont pas influencer l'information que vous allez transmettre.

Soyez humble et faites-leur savoir que certaines de vos propres idées pourront peut-être se mélanger avec les informations canalisées.

L'autre responsabilité incombe au receveur. En effet, la même information peut être comprise par dix personnes de dix manières différentes, car chacun va les filtrer à travers sa propre expérience et ses propres croyances. Soyez donc très clair envers ceux qui reçoivent les informations. Et dites-leur que leur interprétation et les décisions qui en découleront ne tiennent qu'à eux et relèvent de leur propre responsabilité.

Personnellement, lorsque j'ai commencé à pratiquer, je trouvais qu'il valait mieux en savoir le moins possible sur la personne. Je préférais donc travailler avec des amis de mes amis plutôt qu'avec mes amis intimes. En gagnant en expérience, j'ai ensuite été capable de canaliser des informations pour mes proches en toute impartialité.

Peu importe votre niveau d'expérience ou la personne pour laquelle vous canalisez des informations. Il est toujours possible de véhiculer des choses merveilleuses et de travailler de façon très créative. Voici, en exemple, un extrait du travail magique de l'une de mes élèves. Heather a participé à une formation de neuf semaines que je donnais. C'est une scientifique qui n'avait jamais fait un travail de cette nature. Voilà ce qu'elle a écrit en réponse à la question : « Comment pouvons-nous mieux nous connecter à l'énergie de la Déesse et apporter davantage de Divin dans notre vie ? »

LA DÉESSE INTÉRIEURE

« Vous êtes tous la Déesse
Connectez-vous avec vous-même,
avec votre beauté intérieure et votre amour.
Vous êtes magnifique à l'intérieur et devriez briller
pour que tout le monde le voie.
Ayez confiance en vous et sachez que vous êtes
une personne très belle et très spéciale.
Aimez votre vie, votre amour et votre Moi intérieur
et riez. Riez, riez et soyez heureux !
Vous êtes aussi spécial que tout le monde sur cette planète
et vous devriez montrer votre déesse intérieure au monde.
Votre beauté, votre gentillesse et votre naturel sont si
spéciaux qu'ils devraient être partagés
et célébrés avec tous.
Sachez que vous êtes magnifique
et que votre amour rayonne à travers vous.
Soyez bon avec vous-même et sachez que tout va bien.
Vous méritez tout cela et plus encore.
Veillez à ce que ceux qui comptent pour vous
aient tout et plus encore. »

Lectures complémentaires à ce sujet :
S'ouvrir au channelling, Sanaya Roman
How to Do Automatic Writing, Edain McCoy

CHAPITRE 8

ÉCRIVEZ DES LETTRES À VOS ANGES

Mes chers anges,

J'aimerais tellement que vous puissiez demander aux anges de mon fils de prendre soin de lui quand il voyage. Étant sa mère, je sais que je m'inquiète sans doute trop, mais il insiste pour partir dans des pays lointains et dangereux. Pourriez-vous, vous aussi, garder un œil sur lui afin de vous assurer qu'il va bien ? Je vous en remercie infiniment.

Avec toute ma gratitude, comme toujours.

J. Marsh, Londres, 2003

Lorsque vous êtes d'humeur à écrire, la façon la plus efficace pour communiquer avec vos anges est de leur écrire une lettre. Mettre les choses par écrit est, en effet, une merveilleuse manière de concentrer son énergie et son attention.

Lorsque vous rencontrez vos anges et vos guides spirituels, il est difficile de savoir au début comment rester en contact et comment communiquer avec eux pour leur faire part de quelque chose de profond ou de précis.

Dans le chapitre qui traite de la façon de rencontrer vos anges et vos guides spirituels, je vous recommande de leur parler dans votre esprit ou même à voix haute. Vous devriez vraiment faire cela quotidiennement, pour permettre à votre relation de se développer. Donc, lorsque vous vous réveillez le matin, demandez à vos anges et à vos guides spirituels de se rassembler autour de vous et de se joindre à vous pour la journée.

Cependant, quand vous voulez leur faire part de quelque chose de très précis ou d'important pour vous, il est préférable de prendre le temps d'écrire. L'écriture contient une énergie ou un pouvoir qui dépassent de loin les pensées présentes dans nos têtes. En écrivant, vous ciblez la concentration de vos idées et vous en augmentez l'intensité en transformant quelque chose qui n'est pas physique (les pensées) en quelque chose de physique (les mots écrits).

Si vous rencontrez un problème persistant, la rédaction d'une lettre peut vous aider à identifier des solutions possibles avant même d'avoir envoyé votre missive.

Le meilleur moment pour écrire une lettre à vos anges et à vos guides spirituels est lorsque vous en ressentez le besoin impérieux, car c'est là que vous mettrez le plus d'émotion et d'intensité dans votre lettre. Ne ressentez ni le besoin de retenir les choses ni celui d'être « gentil ». Vous ne pouvez pas offenser les anges et les guides spirituels. Ils ont déjà absolument tout vu. La seule chose qui compte est d'avoir un désir sincère de vouloir trouver une solution à la chose ou à la situation que vous voulez obtenir.

Nous croyons quelquefois que nos prières ou nos requêtes resteront sans réponse, mais la vérité est que nous n'obtenons que ce que nous voulons *vraiment*. Même en étant sciemment convaincu de vouloir quelque chose, il est évident que nous ne l'obtiendrons pas si notre cœur désire autre chose. Rappelez-vous que l'Univers ne parle pas une langue spécifique. Il répond aux sentiments que nous éprouvons à propos de notre vie et de nous-mêmes.

Avec les années, mes clients, mes élèves et moi-même avons reçu des réponses délicieuses et intéressantes à nos lettres. Un exemple récent est particulièrement incroyable.

Charlotte est l'une de mes élèves. Elle avait un poste important dans une compagnie d'assurance. Avec toute sa connaissance et son expérience, ce poste aurait dû être gratifiant et plaisant. Cependant, depuis le premier jour, elle n'avait rencontré que des difficultés. Son plus gros problème était le manque total de respect avec lequel son équipe junior la traitait. Bien qu'étant conscients qu'elle était leur superviseure, ils lui parlaient de façon très impolie et quelques-uns l'avaient même défiée en refusant de faire ce qu'elle avait ordonné.

Après trois mois de ce traitement, Charlotte était rentrée un soir du travail, complètement exaspérée. Frustrée et en colère, elle écrivit une lettre très passionnée à ses anges pour leur faire part de ce qui se passait. Elle s'adressa personnellement à eux et ne retint pas ses émotions et sentiments profonds à propos de ces personnes et de leur impolitesse. Elle leur fit part de sa douleur, de son humiliation et de son désarroi. Toutes ses années d'entraînement et d'expérience dans ce domaine ne l'avaient pas préparée à une telle insubordination et elle n'avait aucune idée de ce qu'elle devait faire. Elle déversa tout sur le papier. Un processus pour le moins cathartique.

Lorsqu'elle demanda à ses anges comment leur envoyer cette lettre, elle eut pour réponse le sentiment qu'elle devait prendre la lettre et l'emmener dans le jardin pour la brûler. Elle leur demanda en retour de lui envoyer un signe pour lui confirmer la réception. Comme il était tard, elle brûla la lettre au fond du jardin, puis elle se coucha.

Le jour suivant, en ouvrant le portail pour partir travailler, elle remarqua une grosse plume coincée tout en haut. Cela n'était jamais arrivé auparavant et elle eut le sentiment intense que c'était le signe que lui envoyaient les anges pour accuser réception de sa lettre.

Une fois au travail, les premières heures furent étonnantes. Chacune des quatre personnes qui avaient eu une attitude si peu coopérative jusqu'ici la contacta alors par e-mail ou par téléphone. L'une d'entre elles l'appela pour lui présenter ses excuses pour son comportement. Une autre lui téléphona pour lui demander un conseil sur un certain projet, avant d'écouter attentivement son avis. Les deux autres personnes devinrent soudainement amicales et professionnelles.

Charlotte était agréablement surprise par ces transformations. Elle n'avait pas parlé directement à ces personnes. La seule chose qu'elle avait faite depuis la veille était d'écrire une lettre à ses anges. Désormais, toutes ces personnes étaient très gentilles avec elle.

À ce stade, vous pourriez penser que l'histoire se termine ainsi, mais quelques jours plus tard, deux autres plumes croisèrent sa route de façon inhabituelle. Elle eut alors le sentiment très net que quelque chose d'important allait se produire, plus tard, le jour même. Elle ne savait ce que cela allait être, mais elle avait le sentiment que les plumes étaient là pour lui faire savoir que ses anges étaient tout près et que tout irait bien.

Au déjeuner, elle fut convoquée par son directeur, au dernier étage. Ce n'était pas un rendez-vous prévu et la personne au téléphone ne lui dit pas quelle était la raison de cet entretien. Une fois dans son bureau, il lui demanda de s'asseoir et lui dit qu'il mettait un terme à son contrat de travail. Sa période d'essai courait encore quelques jours, mais il n'y avait rien à dire ou à faire, car c'était terminé et elle devait quitter la société le jour même.

Dans un premier temps, elle fut évidemment très contrariée et elle éprouva un sentiment d'injustice, puis elle finit par comprendre ce qui se passait vraiment. Si elle devait être honnête avec elle-même, elle détestait ce travail depuis le premier jour et la seule chose qui la retenait était la peur. La peur du changement et de la perte de son salaire confortable. Elle pensait qu'il n'était pas bon d'écrire sur son CV qu'elle avait quitté son poste aussi vite et elle avait choisi la voie « rationnelle » en composant et en restant.

Cependant, Charlotte avait déclenché un énorme changement énergétique en écrivant cette lettre. Non seulement les anges lui avaient prouvé qu'ils pouvaient l'aider face à des problèmes superficiels tels que les personnalités difficiles, mais il avait également répondu à son véritable désir profond : *« Je déteste mon job, mais je ne peux pas justifier de façon logique la décision de partir actuellement. À l'aide ! »* En perdant son travail, Charlotte avait obtenu ce qu'elle désirait réellement.

Nous tentons tous de nous convaincre de faire ce qui semble bon ou sûr. Certaines personnes fonctionnent ainsi tout au long de leur vie, par crainte des critiques des autres et par peur du risque injustifié. Les anges de Charlotte l'ont aidée à voir ce qui se passait réellement dans sa vie sous un angle plus grand. Ils l'ont aidée à admettre le changement de carrière qu'elle espérait depuis des années. Sa situation prit soudain une direction différente et au lieu d'avoir peur de sa vie sans emploi, elle réalisa les nombreuses autres opportunités qui se présentaient à elle. Obnubilée par son besoin d'autonomie, elle n'avait même pas réalisé que son mari était prêt à subvenir à ses besoins, le temps qu'elle explore toutes les options pour se lancer dans une nouvelle carrière. Bien entendu, ils devraient surveiller de près leurs dépenses pendant un temps, mais ils arriveraient à joindre les deux bouts et tout allait bien se passer. L'Univers avait répondu à son désir profond et elle avait été propulsée dans une nouvelle phase de sa vie.

Ceci est juste un exemple des nombreuses façons dont l'aide va vous être apportée. Nos esprits sont souvent trop focalisés sur *« la façon dont les choses doivent se produire »* et nous passons à côté des cadeaux qui sont sur notre chemin, pour la bonne et simple raison que nous ne nous y attendions pas. Les personnes désagréables et peu coopératives que Charlotte avait supervisées étaient en réalité une manière pour l'Univers de lui dire que ce type d'environnement n'était plus fait pour elle. Elle n'avait pas compris cet indice et elle avait appelé à l'aide. C'est alors qu'elle avait reçu ce coup de pouce cosmique pour l'emmener vers une direction plus saine.

C'est donc un outil puissant avec lequel nous travaillons ici, car il transforme tous les jours la vie des gens. Par conséquent, soyez honnête avec vous-même à propos de ce que vous voulez *vraiment* et soyez préparé à ce que la réponse soit inhabituelle. Charlotte aurait pu cultiver l'idée que son licenciement était un désastre et se complaire dans la colère et la douleur. Elle décida au contraire de le considérer comme un cadeau et comme une chance pour entamer une nouvelle carrière. À l'heure où j'écris ces mots, elle a réussi à changer de cap et son ancienne vie professionnelle ne lui manque pas du tout. Oh ! J'allais oublier de vous dire que quelques semaines après ce grand changement de vie, son mari obtint une très grosse augmentation.

EXERCICE 11
Écrivez une lettre à vos anges ou à vos guides spirituels

IL VOUS FAUT : Un endroit calme où vous pouvez vous asseoir ou vous allonger confortablement.
Du papier à lettres.
Une enveloppe.
Un stylo ou un crayon.

FACULTATIF : Des bougies.
De la musique.
Un brûleur à huile avec les huiles essentielles de votre choix.
Des timbres-poste.

DURÉE : 10 à 30 minutes.

- Commencez par vous connecter à votre flux d'énergie à travers votre canal, afin de créer votre connexion à votre guidance divine. Demandez à vos anges et à vos guides spirituels de se rassembler autour de vous.
- Si vous le souhaitez, créez une belle atmosphère en allumant une bougie et en mettant de la musique relaxante.
- Soyez le plus clair possible à propos de ce que vous voulez et écrivez-le sur votre papier à lettres.
- Si vous ne connaissez pas le nom de vos anges et de vos guides spirituels, adressez-vous simplement à eux en disant : « Mes chers anges » (ou une formule de la sorte).

- Écrivez la lettre comme si elle était adressée à un ami que vous connaissez bien et qui voudrait vous aider.
  Vos anges et vos guides spirituels ne se formalisent pas, vous pouvez donc leur parler sur un ton amical ou direct, si vous le souhaitez.

Note : n'omettez rien par peur de trop en demander ou de surcharger vos anges et guides spirituels. Vos amis célestes peuvent faire face à tout ce que vous leur demandez.

- Une fois que vous avez fini d'écrire, mettez votre lettre dans une enveloppe et envoyez-la.

Note : vous pouvez même mettre un timbre sur l'enveloppe si vous trouvez que cela fait plus authentique !

- Demandez à vos anges ou guides spirituels comment ils souhaitent que vous envoyiez cette lettre. Suivez le premier élan que vous ressentez, que ce soit en l'enterrant, en la brûlant, en la lançant à la mer, en la déchirant en petits morceaux, en la mettant dans un tiroir ou même en la jetant dans la poubelle de tri. Il m'est arrivé de mettre mes lettres dans la boîte aux lettres de la poste.
- En « envoyant » votre lettre, demandez à vos anges ou guides de vous envoyer un signe comme accusé de réception.
- Une fois que vous avez complété et envoyé la lettre, ne vous attardez pas sur la situation ou sur la solution possible. Ayez confiance dans le fait que vos anges vont faire tout leur possible pour vous apporter le meilleur et attendez que les résultats se manifestent à vous sans éprouver aucune anxiété.

Validation

Les signes que votre lettre a bien été reçue par vos amis sont variés. Certains d'entre vous remarqueront une plume dans un lieu inhabituel ou les mots d'une chanson que vous avez entendus des centaines de fois prendront une tournure nouvelle qui aura un sens important.

Lorsque je demande un accusé de réception, je vois souvent un arc-en-ciel dans des lieux ou des circonstances insolites, par exemple dans le ciel sans qu'il ait plu, dans les couleurs des vêtements de quelqu'un ou dans le plumage multicolore d'un loriquet[1] qui vole et se pose sur le rebord de ma fenêtre.

Les signes sont souvent très subtils et vous risquez de passer à côté dans un premier temps. Cependant, si vous avez l'intention claire et forte de recevoir un message de vos anges et/ou guides spirituels, vous êtes assuré d'en obtenir un. Recevoir un signe est tout simplement un réconfort pour l'esprit. Une fois que vous avez « envoyé » votre lettre, votre seule tâche consiste à vous détacher du problème et à laisser les solutions venir à vous en étant ouvert et prêt à les voir apparaître sous des formes inattendues. L'Univers n'est pas en train de vous tester, il est juste en train d'essayer de vous donner le meilleur résultat possible. Un résultat qui dépassera vos attentes.

Ce processus doit, avant tout, être réalisé dans un esprit léger. Même si vos problèmes sont sérieux ou votre situation désastreuse, vos anges et vos guides spirituels vont souvent vous apporter une solution avec humour

1. N.D.É. : Oiseau originaire d'Australie.

ou légèreté. Ce n'est pas de la désinvolture, mais plutôt une façon de nous prouver que nous pouvons accomplir davantage de choses lorsque nous sommes joyeux et détendus et pas en train de nous acharner en dispersant notre énergie vitale.

Écrivez votre lettre, envoyez-la, puis détendez-vous. Vous serez invité à passer à l'étape suivante, lorsque cela sera nécessaire.

La seule chose que vous devez pratiquer avec cette technique est votre capacité à reconnaître les signes et à répondre aux messages. Cette aptitude se développe avec de la pratique. Par conséquent, écrivez de nombreuses lettres afin de vous offrir de nombreuses occasions de vous améliorer.

Il y a quelques années, j'ai reçu une réponse de mes anges qui m'a coupé le souffle. C'était au milieu de l'hiver et j'avais ressenti le besoin urgent de leur écrire. Je me suis assise et j'ai écrit avec passion et force détails.

Une fois la lettre terminée, ils me firent très clairement comprendre que je devais jeter ma lettre dans l'océan. Étant donné que je vis à quelques minutes de la plage, c'était très facile pour moi. Ils avaient cependant été très précis et m'avaient suggéré de le faire à marée haute. Or, la prochaine marée avait lieu à vingt-deux heures le soir même !

Le vent et les vagues se déchaînaient ce soir-là, mais je sortis comme on me l'avait intimé. Après deux tentatives pour lancer mon enveloppe dans les vagues qui se brisaient, je commençais à avoir froid, car j'étais trempée et exaspérée. Je décidai alors que si la troisième tentative pour lancer cette lettre échouait, je rapporterais ma lettre à la maison. Évidemment, ce troisième essai fut le bon et ma lettre disparut, engloutie par la nuit.

Le jour suivant, je voulais aller marcher sur la plage et je tentai à trois reprises de sortir de l'immeuble, mais la pluie tombait tellement que j'étais contrainte de rentrer. C'est finalement aux environs de quinze heures que le temps se calma et que je pus mettre le nez dehors. La marée était très basse et l'immense étendue de sable plate et vitreuse brillait sous le soleil hivernal. En repassant à l'endroit où je me tenais la veille au soir, je me demandai si j'allais recevoir un signe.

En continuant ma route, je remarquai des mots tracés dans le sable quelques centaines de mètres plus loin. Les touristes et les enfants écrivent généralement des messages du type « Johnny aime Jane » ou « J'étais là ». Ce message, en revanche, était très long et parfaitement écrit – à tel point que j'imaginais qu'il avait été méticuleusement mesuré. Les lettres semblaient fraîchement tracées, mais je ne voyais personne alentour. En lisant le message, je fus abasourdie et je ne pus m'empêcher d'éclater de rire. Il était écrit :

« Mercredi 10 mai. Nous espérons que vous avez passé une belle journée. Nous avons hâte de lire votre lettre. »

Après avoir lu ces lignes dans le sable, il ne faisait aucun doute que mes anges avaient reçu ma lettre.

Lectures complémentaires à ce sujet :

Angelspeake : How to Talk with Your Angels, Barbara Mark
Les Anges pour débutants – Comprendre et contacter les anges et les gardiens divins, Richard Webster

CHAPITRE 9

BRISEZ LE CYCLE – LIBÉREZ-VOUS DE VOS SCHÉMAS DE VIES ANTÉRIEURES

Ma dernière consultation auprès de Belinda remontait à l'année précédente et je savais qu'il était temps pour moi d'y retourner. Mon mari et moi voulions désespérément un bébé, mais je ne parvenais pas à tomber enceinte. En lisant dans mon passé, il m'a été révélé que des événements de mes vies précédentes, plusieurs centaines d'années auparavant, m'avaient laissé des sentiments profonds de honte et de culpabilité sur le plan sexuel. Faire remonter ces sentiments au grand jour et m'en libérer a été un immense soulagement pour moi. Moins d'un mois plus tard, je suis tombée enceinte et j'ai aujourd'hui une merveilleuse petite fille.

Caitlin, Sydney, 2005

L'expression « *Vous ne l'emporterez pas avec vous* » n'est qu'en partie vraie. En mourant, vous ne pouvez certes pas emporter avec vous votre paire de chaussures préférée ni vos économies. Toutefois, les problèmes émotionnels non résolus vont rester jusqu'à ce que vous les ayez traités. Votre âme continue d'attirer vers vous le même type de personnes et de circonstances, vie après vie, jusqu'à ce que vous vous en rendiez compte. On peut trouver cela un peu cruel, mais c'est le fonctionnement méthodique de l'Univers qui démontre que chaque action – que ce soit une émotion, une croyance, une pensée, un mot ou un geste (oui, ce sont des actions) – a un effet.

En examinant vos vies passées et en résolvant les schémas négatifs ou les problématiques que vos portez depuis longtemps, vous pouvez opérer des changements positifs dans votre vie actuelle. Pour beaucoup, découvrir sa vie passée est une curiosité ou un divertissement, mais pour moi – comme pour mes clients – c'est un cheminement vers une meilleure compréhension de soi et vers la liberté que cette dernière apporte. Il ne s'agit pas ici de ressasser le passé, mais de rendre votre présent plus plaisant.

Au cours de l'hiver 1998, une jeune femme vint me voir pour une consultation. Elle marchait avec des béquilles et avait le pied droit bandé. Elle n'avait que vingt-quatre ans et malgré de nombreux examens réalisés par des spécialistes (y compris des radiologues), aucune cause n'avait été trouvée à son problème. Un diagnostic avait finalement été posé, histoire de mettre un nom sur son mal. On lui avait expliqué qu'elle souffrait de la goutte, ce qui semblait peu probable étant donné son jeune âge et son mode de vie équilibré. Elle éprouvait une douleur insoutenable et ne parvenait ni à bouger ni à toucher son pied. Toutefois, elle ne voulait pas prendre les stéroïdes qui lui avaient été prescrits.

C'était la première fois que je devais travailler sur une personne qui souffrait d'une douleur physique intense. J'ai fait pour elle ce que je fais tout le temps : j'ai fermé les yeux et j'ai attendu que la guidance et les informations arrivent.

Ce qui suivit au cours de la consultation était le récit de la vie d'une certaine Claudia. Une description détaillée de la vie passée de ma jeune cliente sous les traits d'une Tsigane douée pour la médecine à base de plantes.

L'histoire de Claudia révélée

France, XVIIe siècle

Claudia était une véritable énigme pour la plupart des gens de la grande ville de France dans laquelle elle vivait. Aux yeux de tous, elle était une créature étrange, car elle avait la peau très pâle des gens du Nord et les cheveux sombres, épais et bouclés des femmes méditerranéennes. Son apparence assez négligée et sa tenue vestimentaire laissaient à penser que c'était une gitane.

Certains l'aimaient bien, d'autres la regardaient avec curiosité, mais la plupart des gens la trouvaient répugnante et l'évitaient.

Cependant, Claudia avait un don pour les plantes médicinales. Les citadins la consultaient en dernier recours quand ils étaient exaspérés par le manque de résultats de leurs médecins ou quand ils ne pouvaient pas se payer leurs services. Même s'ils percevaient son champ de connaissances vaste et éclectique, la plupart d'entre eux évitaient de l'approuver publiquement.

Ce ne sont cependant pas les dons thérapeutiques de Claudia qui nous intéressent dans le récit de cette nuit précise, car la personne à qui elle rendit visite n'avait malheureusement plus besoin de soins. C'était un garçon qui venait de mourir à l'âge de quinze ans, sous les coups de fouet donnés par son maître qui le soupçonnait de vol. Le maître n'avait pas permis qu'il reçoive une assistance médicale et lorsque le garçon mourut, il le fit enterrer à la hâte dans le cimetière de la ville. Personne ne se souciait de lui et personne n'avait assisté aux obsèques, à l'exception de Claudia.

Elle avait attendu qu'il soit tard et que la ville soit calme pour se rendre au cimetière afin de chanter quelques prières et de déposer quelques pétales et herbes sur la tombe fraîchement creusée. Elle voulait accélérer et apaiser le passage de l'âme du jeune homme.

Alors qu'elle chantait et parlait au garçon et après avoir déposé quelques pétales de fleurs sur la terre, elle entendit des voix qui s'approchaient dans l'obscurité. Elle espérait les entendre s'éloigner, mais il semblait qu'elles venaient tout droit vers le cimetière.

Elle ne voulait pas être découverte ici par des gens qui considéraient déjà son comportement comme suspect. Elle ne voulait pas être jetée en prison ni chassée de la ville, comme cela avait été le cas pour d'autres personnes dans le passé.

Claudia savait que les voix ne pouvaient emprunter qu'une seule entrée pour arriver jusqu'à elle. Ne souhaitant pas se faire prendre, elle courut vers la clôture et commença à l'escalader. C'était une barrière très haute en fer forgé avec de grosses piques tout en haut. L'escalader était une périlleuse affaire, mais elle n'y pensait pas vraiment, car elle voulait juste s'enfuir. Elle se hissa tout en haut et passa son pied droit de l'autre côté. Elle perdit momentanément l'équilibre et s'empala sur l'une des pointes. Paniquée, Claudia réussit à retirer son pied et à passer de l'autre côté de la clôture.

Pendant les quelques jours qui suivirent, elle n'osa pas arpenter les rues, mais elle avait la chance de pouvoir au moins soigner correctement sa blessure.

Une semaine après, la faim la poussa à se rendre au marché pour trouver de la nourriture. Personne ne prêta attention à elle ni ne l'interrogea sur cette nuit-là. Sa vie reprit rapidement son cours naturel. Elle tendit l'oreille pour écouter les ragots, mais elle n'entendit rien.

Claudia resta plusieurs années dans cette même ville, continuant de soigner les maux de ceux qui venaient la voir et prenant soin de réaliser des cérémonies au-dessus des tombes des sépultures des indigents. Rester inaperçue dans sa communauté, malgré toute l'aide qu'elle apportait, pour peu ou pas de rémunération, était son destin.

À la fin de sa vie, elle fut enterrée dans la fosse commune et tout le monde l'oublia. Les gens jugeaient sans doute sa vie comme étant inutile, mais Claudia n'avait jamais partagé ce sentiment. Elle avait tellement aimé son travail, sa liberté et son indépendance que lorsqu'elle mourut à soixante-dix ans, elle souhaita rester encore un peu dans ce monde. Les gens avaient besoin d'elle et c'est pour cela qu'elle voulait rester. C'est ainsi que son âme resta connectée à la Terre.

Après la séance, ma cliente m'expliqua qu'elle faisait des études en naturopathie et qu'elle rêvait d'avoir un jour son cabinet pour guérir des gens. Elle aimait apprendre et découvrir les herbes et les remèdes et elle comprit à travers le récit de sa vie sous les traits de Claudia qu'elle avait été préparée à suivre cette voie.

Une semaine plus tard, elle me rendit visite. Elle marchait très bien et sans béquilles, mais la douleur dans son pied n'avait pas totalement disparu. Nous avons fait un travail de nettoyage complémentaire et demandé à ses anges de s'assurer que tous les aspects de son âme étaient partis dans la lumière. Comme toujours, il convenait de veiller à ce que tous les liens la rattachant à son passé fussent coupés. La douleur dans son pied finit par disparaître complètement la semaine suivante et elle ne revint jamais.

C'est une illustration claire de la façon dont l'énergie d'une vie antérieure inachevée peut revenir vous affecter dans le présent et que la meilleure chose que nous puissions faire est d'apprendre à nous libérer de notre passé.

Certaines des expériences vécues dans vos précédentes incarnations jouent toujours un rôle dans la façon dont vous vous sentez ou vous comportez aujourd'hui. En entamant votre vie actuelle, votre âme a décidé de faire certaines expériences pour différentes raisons. Toutes vont conduire à une conscience et à un développement spirituel élargi. C'est ce que nous appelons parfois l'éveil et que l'on divise généralement en trois catégories : *les expériences, les gens* et bien entendu *les problèmes d'une vie antérieure.*

Les nouvelles *expériences,* comme vivre dans un pays dans lequel vous n'aviez jamais mis les pieds – c'est-à-dire ce que vous n'aviez jamais fait dans une vie précédente –, sont destinées à vous aider à prendre conscience de la personne que vous êtes.

Il y a ensuite les *expériences* semblables à ce que vous aimiez dans le passé ou les disciplines dans lesquelles vous étiez bon et qui requièrent un peu plus de temps pour s'affiner. Vous pouvez être fortement attiré par un certain loisir ou par une certaine vocation sans comprendre pourquoi vous êtes « fait pour » cette activité.

Il en est de même pour les *personnes* qui vous attirent, avec lesquelles vous ressentez immédiatement un lien positif et comprenez instinctivement que vous étiez déjà amis dans le passé. Cependant, en l'absence de « preuves », la plupart des gens ignorent totalement cette impression.

La troisième catégorie des *problèmes d'une vie antérieure* est bien moins amusante. Elle regroupe toutes les expériences qui vous rappellent des sentiments, des croyances, des pensées, des mots et des actions qui ont entraîné douleur, mal-être ou confusion dans votre (vos) vie(s) antérieure(s). Elle comprend également tout ce que vous n'aimez pas vous concernant (vos attentes et croyances négatives) et tout ce que vous n'avez pas voulu – ou pas pu – affronter et résoudre.

Même après des centaines de vies, il y a encore tant d'expériences nouvelles et plaisantes à vivre, mais la plupart d'entre nous traînent avec eux de lourds bagages.

Les vies qui vous sont révélées sont généralement celles qui contiennent quelque chose que vous n'avez pas encore compris ou accepté. Or, seul vous pouvez comprendre ces choses. Vous êtes la seule personne qualifiée pour interpréter la signification de ce qui vous est montré.

Quand une personne vient me voir pour une consultation, je lui pose seulement des questions basiques (nom, date de naissance, adresse, numéro de téléphone) ; pourtant, après la séance, mes clients me disent combien ils sont étonnés par les similarités entre ce qu'ils expérimentent actuellement et ce qu'une vie antérieure leur révèle.

La plupart d'entre nous ont eu des centaines de vies sur Terre, dont certaines n'ont duré que quelques minutes ou quelques heures, car la mortalité infantile était extrêmement élevée dans les siècles passés. Peu importe la durée de cette vie, elle compte toujours et bien que cela soit alors tragique pour ceux qui restent, l'âme de chaque être humain sait exactement quand il est temps de partir.

Les anges ont toujours dit, à moi et à mes clients, qu'une mort prématurée ou accidentelle n'existe pas et que chaque âme suit un contrat en s'incarnant sur Terre. Elle a ainsi des raisons précises, des expériences à vivre et une période donnée. Ce n'est pas un Univers aléatoire. Tout arrive pour une raison, même si nous avons du mal à l'accepter. Votre âme va rester dans cette incarnation pour le temps exact qui lui sera nécessaire, afin d'expérimenter ce pour quoi elle est venue ici.

Finalement, une fois que vous avez compris que vous avez vécu de nombreuses vies et que vous vous êtes connecté avec certaines de vos mémoires de vies antérieures, vous commencez à éprouver de la compassion et de l'empathie pour des personnes issues d'autres cultures et qui ont d'autres parcours de vie que vous. En effet, vous réalisez que vous avez endossé vous aussi de nombreux costumes.

Nombre de mes clients sont épatés de découvrir qu'ils ont été à la fois la victime et le bourreau dans la grande histoire de l'humanité. Nous aimons tous entendre des histoires qui dépeignent combien nous avons lutté contre l'injustice avec laquelle nous avons été traités, et combien nous avons été bons. Il faut, en revanche, beaucoup d'humilité pour apprendre à un moment donné que nous avons été un criminel, un menteur, un voleur ou même un meurtrier.

Les femmes ont auparavant vécu dans la peau d'un homme et vice versa. Pointer le doigt pour stigmatiser le genre opposé et le blâmer pour « le pétrin dans lequel nous sommes » n'a donc aucun sens. Nous avons déjà tous été pingres et généreux, et il est crucial de le comprendre si l'on veut savoir comment les blessures de l'humanité pourraient un jour être totalement guéries. Découvrir que vous avez incarné de nombreuses personnes dans le passé est un processus de pardon et un acte de courage, car au fond aucun d'entre nous n'est supérieur à l'autre.

Le processus de lecture dans une vie antérieure et de guérison que mes anges m'ont enseigné est très précis. C'est une technique qui est plus profonde que le simple récit d'une vie. Avec les années, j'ai rencontré de nombreuses personnes qui sont venues me consulter et qui m'ont dit qu'un autre médium leur avait dit qu'elles avaient eu une vie antérieure dans un certain endroit et qu'elles faisaient ceci ou cela. On leur avait lancé des bribes d'histoires et rien de plus. Aucun détail à propos des expériences de cette vie, des leçons qui restaient à apprendre ou des problèmes non résolus.

Au cours de votre processus, vous serez capable de découvrir autant de détails à propos de votre vie antérieure que possible, mais vous apprendrez aussi comment résoudre les problèmes issus de cette vie afin de passer à autre chose. C'est un processus très complet qui vous révélera une entière compréhension de la personne que vous êtes et de votre parcours.

Si vous refaites sans cesse les mêmes erreurs, en vous heurtant aux mêmes obstacles, en éprouvant les mêmes frustrations et en faisant face aux mêmes personnalités difficiles, alors un nettoyage des schémas de vies antérieures pourra vous aider.

Qu'une blessure n'ait pas été soignée depuis une semaine, un an ou plusieurs siècles est sans conséquence. Le fait est qu'elle doit toujours être guérie. Revenir sur une vie antérieure et débloquer des faits passés vous aideront à vous défaire de ce type de douleurs et à vous libérer pour toujours des schémas et des problèmes qu'ils engendrent.

EXERCICE 12
Libération d'une vie antérieure

Dans cet exercice simple, présenté sous forme d'un pas-à-pas, vous allez revenir sur l'une de vos vies antérieures et la libérer. Veuillez lire attentivement les instructions à plusieurs reprises avant de faire cet exercice. À première vue, vous pourrez croire qu'il y a beaucoup trop à mémoriser, mais c'est vraiment simple et cela suit un rythme logique, étape par étape.

IL VOUS FAUT : Un endroit calme où vous pouvez vous asseoir ou vous allonger confortablement.
Un stylo.
Un cahier ou un carnet.

DURÉE : 30 minutes environ.

- Ayez un stylo et un cahier (ou un carnet) à portée de main quand vous vous asseyez.
- Mettez-vous à l'aise, fermez les yeux et demandez à vos anges et à vos guides spirituels de venir se rassembler tout près de vous. Concentrez-vous sur votre intention de revenir sur l'une de vos vies antérieures afin de vous libérer. Si, au moment de faire cet exercice, vous vous sentez particulièrement troublé par un certain problème, vous pouvez demander à vos anges et guides spirituels de vous aider à voir la vie antérieure dans laquelle ce problème est né. Sinon, vous pouvez aussi suivre le flux d'information tel

qu'il vient et découvrir la vie antérieure que l'on vous montre.

- Imaginez toutes les couleurs de l'arc-en-ciel : rouge, orange, jaune, vert, bleu, indigo et violet. Visualisez ces couleurs sur votre écran intérieur. Contemplez-les pendant une ou deux minutes et laissez-vous aspirer par l'une d'elles.
- Laissez-vous engloutir profondément dans cette couleur, comme si elle s'engouffrait en vous et que vous plongiez dedans. Souvenez-vous de votre intention de revoir l'une de vos vies antérieures. Vous pouvez avoir l'impression que vous voyagez dans un tunnel de cette couleur ou que vous nagez ou flottez dans cette couleur. Prenez autant de temps que nécessaire pour ce parcours coloré. Il n'y a pas d'urgence.
- Dirigez-vous lentement pour sortir de cette couleur et pour arriver dans l'environnement de votre vie antérieure. Prenez le temps pour y parvenir. Commencez par vous concentrer sur vos pieds ou sur d'autres parties de votre corps ou de votre apparence (les vêtements, par exemple). Laissez l'histoire se dérouler sur votre écran intérieur dans l'œil de votre esprit. N'essayez pas de « voir » quoi que ce soit et laissez les choses se dérouler naturellement. Autorisez votre esprit à avoir des blancs, afin que votre histoire de vie passée puisse revenir à vous, comme lorsque l'on se remémore un très vieux souvenir.
- L'histoire peut être très fugace avec juste un sentiment, des images ou des sons décousus. Restez avec ces informations, détendez-vous

et n'essayez pas d'analyser ou de comprendre quoi que ce soit maintenant. Posez des questions dans votre esprit à propos des choses que vous voudriez connaître. Étiez-vous, par exemple, un homme ou une femme ? Dans quel pays habitiez-vous ? Dans quel siècle ou quelle année ? Quelle famille aviez-vous ? Que saviez-vous alors ? Aviez-vous de l'éducation ? Aviez-vous un travail ? Étiez-vous marié ? Etc.

- Essayez d'imaginer que vous regardez le film de votre vie antérieure dans votre tête. Vous avez la télécommande en main et pouvez donc rembobiner au début afin de la revivre dans l'ordre chronologique du début à la fin.
- Restez dans cette expérience jusqu'à ce que vous ayez le sentiment que vous avez vu tout ce que vous étiez censé voir. Essayez de retenir autant de détails que possible, jusqu'à ce que vous sentiez que vous arrivez à la fin de l'histoire de cette vie. La plupart des gens sont curieux à l'idée de connaître leur mort (à quel âge et pour quelle raison). N'hésitez pas à poser des questions à ce propos, si cela vous intéresse.
- Avant de partir, demandez pourquoi on vous a précisément montré cette vie antérieure et en quoi elle reste inachevée. Pourquoi cet aspect de votre âme n'est-il pas allé dans la lumière ?

Note : les raisons qui expliquent qu'une vie antérieure est inachevée peuvent être nombreuses : des convictions religieuses, des êtres chers desquels vous ne vouliez pas être séparé, un souhait que vous n'avez pas pu réaliser, etc.

- Lorsque vous avez fait tout votre possible pour obtenir des réponses à ces questions, convoquez vos anges et vos guides spirituels pour qu'ils assistent cet aspect de vous dans son voyage vers la lumière. Imaginez le poids et le désarroi de cette vie en train d'être absorbé par la lumière. Imaginez cette partie de votre âme en train d'être accueillie sans question et embrassée avec bienveillance. Expérimentez le soulagement qui en découle.
- L'étape suivante consiste simplement à laisser la magnifique énergie positive, les mémoires et les traits de personnalité de cette vie passée vous être pleinement restitués. Visualisez un faisceau d'énergie dorée qui redescend à vous et qui se déverse dans votre tête, en vous rapportant tout ce qui avait été bon et désirable dans cette vie-là. Toutes ces qualités vont être réintégrées dans votre être et elles seront compatibles et utiles pour vous dans votre vie actuelle.
- Ensuite, quand vous êtes prêt, vous pouvez entamer le voyage retour pour revenir à l'ici et maintenant. Utilisez la même couleur qui vous a aidé à vous transporter jusqu'à votre vie passée. (Si votre couleur change, c'est aussi très bien.) En revenant *via* votre autoroute colorée, vous avez le sentiment de revenir à votre vie présente. Visualisez-vous en train de revenir dans votre pays, puis dans votre région, dans votre ville, dans votre rue, dans votre immeuble et jusqu'à la pièce où vous vous trouvez et sur le fauteuil dans lequel vous êtes assis.

- Gardez les yeux fermés pendant encore quelques instants et reprenez conscience de votre corps physique. Respirez profondément et ressentez le poids de votre corps sur le fauteuil. Remuez vos doigts et vos orteils et étirez-vous, si vous le souhaitez. Dites votre nom à haute voix. Par exemple : « Je suis BelindaGrace », puis ouvrez les yeux.
- Avant de faire quoi que ce soit d'autre, prenez votre stylo et un papier, puis écrivez tout ce dont vous vous souvenez à propos de cette expérience. Il est très important de le faire immédiatement, car les souvenirs de ce voyage peuvent s'évanouir aussi vite que ceux d'un rêve. Notez tous les détails : les ressentis ou les émotions que vous avez éprouvés.
- La dernière étape est presque la plus importante. C'est celle pendant laquelle vous vous dites : « Ne t'inquiète pas ! Il n'y a pas de mauvaise façon de faire cela. Tu l'as fait à ta façon et tu as bien fait. Tu as lu les instructions, puis tu as laissé faire les choses et c'est la meilleure des façons de procéder. » Ce qui compte le plus dans toutes ces techniques est votre intention. Tout le reste sera opéré par vos anges et par vos guides spirituels, que vous les « voyiez » ou pas.

Une vie antérieure révélée

Nous avons tous vécu des expériences merveilleuses et positives dans nos vies passées. Ces belles mémoires ne sont cependant pas toujours celles qui doivent être résolues ou acceptées. Les mémoires heureuses sont plus faciles à accepter et à intégrer, ce qui n'est pas le cas des blessures et des douleurs de la vie quotidienne. Je crois que c'est parce que nous nous en voulons que nos expériences douloureuses restent en suspens.

Même si en apparence nous blâmons les autres pour nos problèmes, une petite voix dit à l'intérieur de nous : « Qu'est-ce qui ne tourne pas rond avec moi ? Pourquoi est-ce que cela m'arrive ? Pourquoi ne puis-je pas prendre les bonnes décisions ? » C'est le pardon que nous ne nous accordons pas qui nous empêche d'aller vers la lumière. Nous avons le sentiment que nous ne méritons pas l'amour inconditionnel qui nous est offert à la fin de chaque incarnation et nous nous accrochons aux sentiments négatifs en espérant qu'ils finiront par disparaître avec le temps.

L'une des causes principales de la dépression telle que j'ai pu la connaître est une expérience de vie antérieure qui était tellement traumatisante pour la personne qu'elle en a perdu le goût de vivre. Ces expériences traumatiques (choc léger, peur ou angoisse) varient selon les individus et selon l'impact qu'elles ont eu sur eux à l'époque.

Une jeune femme venue me voir en consultation semblait avoir tout ce qu'il faut dans la vie. En société, elle s'efforçait de sembler enjouée et positive, mais une fois rentrée chez elle, les choses étaient bien différentes.

Elle avait des idées suicidaires et elle pleurait toutes les nuits dans son lit. Elle avait gardé ces sentiments négatifs pour elle, car elle se sentait mal en s'épanchant auprès des autres, ayant l'impression que personne ne la comprenait ni ne la prenait au sérieux. Ils la considéraient comme une jeune femme talentueuse, belle, attachante qui avait un bon job et un fiancé aimant. Personne ne pouvait croire qu'elle était malheureuse. Elle-même ne le comprenait pas. Elle se trouvait ridicule et était incrédule face à ses propres sentiments. Elle se sentait mieux lorsqu'elle était entourée.

Son fiancé lui avait demandé de fixer une date pour leur mariage qui était prévu six mois plus tard, lorsqu'elle me rendit visite la première fois. Ils ne vivaient pas ensemble et elle était terrifiée, car elle craignait de ne pas réussir à contenir sa tristesse et ses angoisses, chaque soir, lorsqu'ils seraient mariés. Cette jeune femme adorable n'avait jamais fait part de son « problème » à son fiancé et le soutien qu'elle avait cherché jusque-là n'avait pas réussi à détecter l'origine de son infélicité inexplicable.

Nous avons commencé la séance, comme d'habitude, et j'ai pu voir l'une de ses vies antérieures qui donnerait des cheveux blancs à n'importe qui.

Au cours d'une vie à Londres, du début au milieu du XIXe siècle, elle avait été harcelée, puis kidnappée par un oncle malade mental. Elle était issue de la classe ouvrière et avait reçu une éducation sommaire, ayant appris les rudiments de la lecture et de l'écriture. Sa famille et elle vivaient dans le nord-est de Londres, dans le quartier de Finchley. Afin d'aider financièrement sa famille, elle commença à travailler à l'âge de douze ans comme apprentie gouvernante et nourrice, deux à trois fois par semaine. Elle prenait son service dans une très grande propriété dont le propriétaire était un avocat émérite avec une femme malade et six enfants. Il y avait beaucoup de travail, mais elle s'y rendait avec bon cœur en marchant jusqu'à cette demeure.

Dans le même temps, le frère de son père était revenu dans la famille après qu'une querelle l'eut séparé des siens, plusieurs années auparavant. Elle n'avait jamais eu l'occasion de le connaître, étant donné qu'il avait disparu de leur vie lorsqu'elle n'avait que quatre ou cinq ans.

Pendant la consultation, le motif de la brouille entre son oncle et son père restait flou, mais il semblait clair qu'il avait fait de la prison pendant quelque temps pour un motif que personne ne voulait évoquer.

Les relations avec son oncle et sa famille s'étaient améliorées, ce qui semblait plaire à tous. De son côté, elle continuait de travailler chez l'avocat et se vit rapidement proposer d'être embauchée à plein temps, pour la plus grande joie de tous.

Son oncle, qui rendait régulièrement visite à la famille, venait l'attendre devant le portail de l'avocat, afin de rentrer avec elle à la maison. Elle comprenait qu'il voulait être amical, mais quelque chose en lui la mettait mal à l'aise. Son comportement envers elle devenait trop familier et il empiétait sur son espace physique, en touchant ses cheveux et en étant possessif lorsque quelqu'un d'autre s'approchait d'elle. Il se mettait en colère lorsqu'elle proposait de rentrer seule du travail et il insistait également pour faire des détours lorsqu'ils marchaient ensemble en direction de la maison.

Un soir, il se comporta de manière très abusive et elle tenta de le fuir. Il lui avait demandé de le suivre dans un grand parc. Il faisait froid et déjà noir et elle avait peur. Elle s'échappa, mais il parvint à la rattraper et l'attira jusqu'à un bâtiment délabré. C'était une sorte de squat, non loin de la chambre de bonne miteuse dans laquelle vivait son oncle.

Il la ligota et la retint là plusieurs jours. Dans le même temps, il se joignit à sa famille pour participer aux recherches désespérées pour retrouver la fillette. Il leur avait expliqué qu'elle n'était pas comme à son habitude devant le portail, lorsqu'il était allé la chercher.

Au septième jour de son calvaire, elle mourut de déshydratation, seule et terrifiée, à quelques kilomètres seulement de chez elle. Son oncle avait été très rusé et même s'il passait le plus clair de son temps au squat, il était installé dans une chambre à un ou deux pâtés de maisons de là. Lorsque la police fit des recherches chez lui, ils ne trouvèrent pas sa nièce.

Il enterra son corps sous les lames du plancher et personne ne la trouva jamais.

Les raisons expliquant le comportement et l'état mental de cet homme sont trop compliquées pour que nous nous y attardions ici. En revanche, ce qui s'est avéré très clair pour nous était que cette expérience avait tellement effrayé la jeune fille qu'elle en avait perdu le goût de vivre. Au moment de sa mort, son âme n'était pas allée dans la lumière, car elle était trop terrifiée et désorientée. La seule chose qu'elle voulait était de retourner auprès de ses parents.

Une fois que nous avons terminé d'entendre toute son histoire, ses anges sont venus pour aider cet aspect de son âme à partir dans la lumière, afin qu'il trouve la paix une bonne fois pour toutes. Lorsqu'un aspect de votre âme a erré dans les limbes depuis la fin d'une vie et qu'il finit par aller dans la lumière, alors de miraculeuses choses se produisent.

Tout le poids et toute la négativité qui ont été hérités de cette vie peuvent enfin disparaître. Toutes les émotions négatives ou les mémoires connectées à cette vie sont absorbées dans la lumière et embrassées avec compassion.

C'est un processus qui permet une guérison profonde, car une partie de vous, qui est effrayée et qui souffre depuis longtemps, finit par retrouver sa maison et expérimente enfin l'amour inconditionnel du Créateur. Toutes les mémoires positives, toutes les qualités et les sentiments de cette époque vous reviennent et ils sont réintégrés à votre conscience de manière à vous servir dans votre vie actuelle. Vous êtes réconcilié avec cette partie de vous-même qui était là, mais déconnectée de vous jusqu'à maintenant.

Les changements dans la vie de cette jeune femme ont été remarquables. Elle reprit confiance en elle. Elle était de nouveau heureuse, positive et calme. Elle commença à se languir de son mariage et de la vie qui l'attendait avec son fiancé. Les peurs qui l'avaient paralysée jusqu'ici semblaient s'évaporer et des sentiments tels que le désarroi et le désespoir s'évanouirent. Aujourd'hui, elle est heureuse en ménage et elle attend un deuxième enfant.

Mon expérience révélée

La meilleure façon d'apprendre étant de mettre les choses en pratique, j'ai décidé il y a quelques années d'enquêter sur ma propre vie. Lorsque j'avais douze ans, j'étais catégorique et j'affirmais avec une grande conviction que je n'aurais jamais ni mari ni enfants.

À l'âge de trente-sept ans, je n'étais donc pas surprise ni malheureuse d'être célibataire. Je ressentais cependant que quelque chose n'allait pas et qu'il devait y avoir dans mon histoire un blocage émotionnel.

J'ai utilisé le même processus que celui qui est décrit dans ce livre. J'avais l'intention de trouver si quelque chose dans une vie antérieure expliquait mon aversion pour le mariage. Je voulais en avoir le cœur net. Mon intention était forte et clairement posée et ce que j'ai vu était intense et incroyable.

Je me suis retrouvée dans le sud profond des États-Unis, au milieu du XIXe siècle, peu de temps avant la guerre de Sécession. J'étais une belle du Sud aux cheveux bruns issue d'une famille très riche.

Contrairement aux autres filles, j'étais très instruite pour l'époque. Mon père était en avance sur son temps et il ne voyait pas pourquoi sa fille recevrait moins d'éducation que ses fils. J'avais exprimé mon souhait de faire des études et de poursuivre une carrière dans le droit, car j'étais passionnée par les droits civils et l'égalité sociale. Mes parents ont obtempéré et ils m'ont soutenue en ce sens.

À l'âge de dix-neuf ou vingt ans, je rencontrai un homme qui réussit à me convaincre de l'épouser. Il était non seulement charmant, beau et issu d'une bonne famille, mais c'était surtout un activiste social qui se battait ouvertement pour la liberté des esclaves noirs et pour l'amélioration des conditions de vie de nombreux pauvres dans notre communauté. Après environ deux années de ferventes demandes en mariage, il parvint à me convaincre que je conserverais ma liberté et que je pourrais poursuivre mes objectifs de vie. Il avait insisté sur le fait qu'il m'encouragerait dans cette voie, qu'il serait fier de moi et que nous pourrions même travailler ensemble. Je l'épousai, certaine d'être heureuse.

Avant de me marier, je n'avais cependant pas du tout réfléchi aux conséquences de l'arrivée d'enfants dans ma vie. Je tombai enceinte au cours de notre première année de vie commune, puis quatre enfants suivirent très rapidement. Les hauts et les bas causés par les hormones et cinq enfants en cinq ans ont pulvérisé mes espoirs et mes rêves.

J'étais épuisée et souvent déprimée, sans parler des autres problèmes qui poignaient à l'horizon. Du fait de ses points de vue peu orthodoxes et de son franc-parler, mon époux était devenu très impopulaire parmi ses amis riches et ses associés d'affaires. Il s'était fait beaucoup d'ennemis, sa famille l'avait désavoué et notre situation financière finit par se détériorer très vite.

Une nuit, alors que mon époux s'était rendu à un meeting en ville, j'entendis des cris et des bruits en direction de notre maison. Cette dernière était particulièrement grande et il y avait une longue allée gravillonnée qui traversait le jardin jusque devant l'entrée.

Mes enfants et moi-même nous sommes dirigés vers la véranda où se tenaient des hommes avec des torches enflammées qui s'agitaient, vociféraient et traînaient quelque chose derrière eux. Je me mis à trembler, car je compris qu'un drame était survenu. J'agrippai mes enfants, lorsqu'un homme se détacha du groupe et s'avança vers moi. Il me dit que mon mari avait enfin eu ce qu'il méritait pour avoir soutenu le peuple noir et pour avoir bafoué la société blanche et toute sa richesse.

Cet homme effroyable hurla pendant quelques minutes, avant de faire signe à d'autres hommes derrière lui. Le corps sans vie et brisé de mon mari fut traîné et jeté à nos pieds. Ces hommes en colère s'étaient sentis menacés par mon époux et ils l'avaient assassiné.

Ma vie fut alors complètement détruite. J'étais veuve, j'avais cinq enfants à nourrir et aucune rentrée d'argent. J'étais désemparée, effrayée et ruinée.

Je compris alors pourquoi j'avais été depuis mon plus jeune âge si catégorique en affirmant que je ne me marierais ni n'aurais jamais d'enfants.

Avec l'aide de mes anges, j'ai envoyé cette vie à la lumière et lâché la douleur de cette expérience passée. Comme cela se produit toujours, j'ai récupéré et réintégré toutes les qualités et mémoires positives de ce passé. Ce processus fut très éclairant et puissant. Trois semaines plus tard, je rencontrai un homme que j'épousai un an après et je sais pertinemment que la compréhension gagnée en remontant jusqu'à cette vie antérieure pour la résoudre et la libérer a permis d'ouvrir la voie à cette étape importante de ma vie.

Au fil du temps, j'ai vu de nombreuses personnes opérer des changements phénoménaux pour elles-mêmes et dans leur vie, après avoir fait une lecture des vies antérieures, avec moi ou par elles-mêmes.

Douleurs physiques qui disparaissent, relations qui s'apaisent, traumatismes émotionnels et psychologiques profonds qui guérissent sont autant d'exemples que je pourrais compiler dans un livre dédié uniquement à ce sujet. La plupart des gens venus me consulter ont entamé cette démarche parce qu'ils étaient perdus, déboussolés, plongés dans le plus grand désarroi ou la plus grande déprime. En les aidant à se libérer du bagage émotionnel qu'ils portent depuis plusieurs vies, ils gagnent une nouvelle vitalité et une énergie renouvelée pour embrasser l'existence.

Le plus gratifiant est lorsque nous avons fini d'extraire toutes les choses déplaisantes et difficiles et que nous commençons à rencontrer des vies antérieures remplies de joie, de succès, etc. Lorsqu'il n'y a plus aucune ombre au tableau, tout le positif peut lui aussi être réintégré.

Lectures complémentaires à ce sujet :

De nombreuses vies, de nombreux maîtres, Dr Brian Weiss

Entre deux vies, Dr Joel Whitton et Joel Fisher

CHAPITRE 10

VIES PARALLÈLES

« C'est l'une des plus fréquentes erreurs de considérer que la limite de notre pouvoir de perception est aussi la limite de tout ce qu'il y a à percevoir. »

C. W. Leadbeater – Auteur de L'homme visible et invisible

Le concept de vies parallèles a depuis très longtemps été exploré par les écrivains de science-fiction ou de romans fantastiques. Ce sujet dépasse cependant de loin la simple bonne histoire. Il y a plus de quatre-vingts ans, les physiciens quantiques ont découvert que les photons et les électrons pouvaient exister à plusieurs endroits en même temps. Cela signifie que nous pouvons vivre – et que nous vivons – dans plus d'une réalité à la fois.

Certaines personnes font l'expérience de leur vie parallèle dans un rêve, ont un flash d'eux-mêmes dans un lieu différent et à une autre époque, ou ont le sentiment de savoir que la vie qu'ils mènent, ici, sur Terre, n'est pas la seule vie qu'ils soient en train d'expérimenter.

La majorité des gens ignorent généralement leur vie parallèle. Toutefois, il arrive de temps en temps que l'un de mes clients apprenne son existence au cours d'une séance avec moi.

Vous vous dites certainement : « J'ai déjà suffisamment à faire avec cette vie-là ! Pourquoi devrais-je être au courant de l'existence d'une supposée autre vie parallèle ? »

C'est une très bonne question à laquelle je peux répondre uniquement à travers les expériences vécues par mes clients et par moi-même dans nos vies parallèles.

Ma propre découverte de la vie parallèle a commencé dans le courant de l'année 2012, alors que je sortais avec un homme qui vivait dans la région d'Australie où je venais d'emménager. Malgré un écart d'âge de dix-sept ans, nous avons été immédiatement attirés l'un par l'autre, et nous avions de nombreux points communs. Une nuit, environ trois mois après le début de notre relation, j'ai été attirée dans ma vie parallèle.

Au cours de ma « visite », je me suis retrouvée comme étant cet autre Être, une jeune âme joyeuse, qui vivait dans une immense forêt pleine d'arbres tellement immenses que leur base était plus grande qu'une maison. Il était clair que j'étais très heureuse et que j'étais une sorte de héraut qui allait de communauté en communauté pour livrer des messages, en apportant et en partageant des nouvelles et en s'enquérant auprès de tous des informations à transmettre aux autres.

Dès que j'atteignais une communauté ou un clan, j'étais chaleureusement accueillie.

Les Êtres de ce monde vivaient au contact de la Nature et dépendaient exclusivement d'elle. Toutefois, le rapport avec les éléments et le travail agricole ne semblaient ni pénibles ni laborieux. Il n'y avait pour ainsi dire aucune agriculture et les gens, apparemment en bonne santé, mangeaient principalement des champignons et du lichen. Nous buvions une boisson non alcoolisée qui semblait proche du *kombucha* que je connais désormais (au moment de cette expérience, je n'avais jamais goûté au *kombucha*).

Chaque communauté avait une zone centrale où se tenaient les réunions, bien évidemment entourée de ces arbres somptueux. Nous nous assîmes en cercle et échangeâmes des nouvelles, des idées et des vœux. Je me sentais en sécurité et à la maison, quelle que soit la communauté à laquelle je rendais visite. Je ne semblais vivre dans aucun lieu précis et je me trouvais chez moi où que je fusse.

Je fus ensuite escortée au travers des arbres, jusqu'à une magnifique clairière où un homme se tenait pour m'accueillir. À mon plus grand étonnement, cet homme était mon petit ami ! Dans cette vie parallèle, il était le chef de file des aînés de cette communauté et j'étais la jeune messagère. En parlant, il m'emmena en direction d'un arbre qui était plus grand que la norme terrestre, mais plus petit que tous les arbres qui entouraient la clairière et qui jonchaient la forêt. En approchant de l'arbre, il me fit signe de regarder la partie plus large et plate du tronc devant laquelle nous nous tenions.

Intriguée, je regardai la face de l'arbre qu'il m'avait indiquée et, peu à peu, des symboles tels des hiéroglyphes ou des runes firent leur apparition sur l'écorce. Nous nous tînmes là, à lire les symboles pendant quelques minutes et il m'expliqua la signification de certains d'entre eux. Je sentis que je m'élevais à un nouveau degré de qualification en tant que messager et que le leader m'enseignait le langage de ces symboles et la façon dont on pouvait stimuler leur apparition sur certains arbres particuliers.

Les symboles finirent par disparaître et il me dit au revoir. C'était une expérience vraiment inhabituelle, car je pouvais à la fois ressentir toute ma surprise en tant que

BelindaGrace qui observait ces événements et éprouver les sensations que cet autre Être des forêts vivait, le tout de façon très naturelle et joyeuse.

Incapable de contenir mon excitation, je réveillai alors immédiatement mon compagnon. Nous avons longuement discuté de cette expérience et, à mon plus grand étonnement, il trouvait que cette histoire avait une grande résonance en lui !

Les jours qui suivirent, nous fîmes des tentatives délibérées pour glaner davantage d'informations de ce monde concomitant et mon ami reçut quelques impressions et des aperçus fugaces. Il n'avait pas totalement confiance en ces messages, du fait de ce que je lui avais raconté, mais il persévéra. Moi, en revanche, je parvenais à comprendre beaucoup plus.

La sensation était, pour moi, comme de pénétrer par une ouverture transparente et de pousser un peu pour arriver de « l'autre côté ».

Tout en tenant sa main dans notre réalité physique, je parvenais à basculer à volonté dans la peau de l'autre Être, dans l'autre réalité. Je découvris que, dans ce monde-là, je m'appelais Alathara et que j'étais plutôt jeune. J'avais été un messager pendant la plus grande partie de ma vie là-bas et il semblait que je ne descendais d'aucune famille ni d'aucun clan en particulier, mais que j'appartenais plutôt à tout le monde.

Je ne crois pas qu'il soit possible de vous faire part de la magnificence de cette autre réalité ni de l'exaltation que j'éprouvai lors de ma première découverte, puis lors de toutes les visites que j'effectuai à mon gré. En pareil cas, les mots sont trop faibles pour restituer et pour décrire la sensation d'une telle expérience.

J'espère que vous parvenez à ressentir le caractère personnel et intime que cette histoire recèle pour moi et combien cela peut être bizarre de la partager avec vous. Le plus difficile étant notamment de vous communiquer mon prénom dans cette réalité, mais je m'efforce de le faire, car la connexion avec ma vie parallèle a fait une énorme différence pour moi et elle le fera probablement pour vous également.

Ma relation avec cet homme merveilleux n'a pas duré dans cette réalité, mais lui et moi sommes convaincus que nous avons été réunis pour une raison précise et je m'estime bénie d'avoir pu vivre toute cette expérience et qu'il ait fait preuve d'une telle ouverture en explorant plus avant nos vies parallèles.

Apprendre que j'étais « aussi Alathara » a eu des effets subtils, mais bénéfiques sur moi. Chaque fois que je me connecte à ma vie dans cette réalité-là, je me sens imprégnée d'une énergie positive et d'un savoir (une sensation différente que celle d'apprendre quelque chose de manière intellectuelle).

Dès lors, ma vie prit un nouveau tournant et, un an plus tard, je reçus la confirmation de ma vie parallèle de façon inattendue.

Après avoir tenu ma retraite résidentielle pendant quelques années dans le même lieu, en Australie, le propriétaire me dit qu'il devait fermer pour faire des rénovations et que, par conséquent, je ne pouvais pas venir avec mon groupe au mois d'octobre suivant. J'entrai alors en mode panique, car mon cours était quasiment plein et certains de mes élèves avaient déjà pris leurs dispositions pour le voyage. Je devais donc trouver un lieu qui puisse répondre à nos besoins, être au même prix, disponible aux mêmes dates et se situer au même endroit. Impossible !

Deux jours après m'avoir annoncé la nouvelle qui fit l'effet d'une bombe, le propriétaire m'envoya un e-mail pour me dire : « Avez-vous essayé d'appeler le Chiltern Lodge ? » N'ayant jamais remarqué cet endroit, je ne l'avais pas contacté. Durant toutes ces années, j'avais pourtant emprunté la route qui mène au Chiltern Lodge à chacune de mes venues, sans jamais le voir.

Bien entendu, j'ai immédiatement contacté le Chiltern Lodge et ils ont répondu favorablement à mes demandes. C'est donc avec un grand soulagement que j'ai fait la réservation pour le groupe en octobre. Le deuxième jour de cours, j'ai enfin pris un peu de temps pour aller me promener alentour. Le Lodge était situé au cœur de trois acres de bush australien encore vierge, dans lequel les arbres et la nature étaient superbes. Alors que je serpentais le long d'une des traces, un immense arbre attira mon attention et je me hâtai d'aller dans sa direction. Il était là. C'était le même arbre que celui de ma vie parallèle !

J'avais le souffle coupé, tellement j'étais excitée et heureuse. Aucun symbole n'apparut sur l'écorce, mais je sentais qu'il m'accueillait et je savais que j'étais au bon endroit. C'était vraiment un sentiment incroyable.

Cette introduction initiale à mon autre vie et à mon autre Moi est une expérience que je n'oublierai jamais et il y a désormais un lieu où je peux retourner à loisir pour trouver inspiration et guidance.

Telle est mon expérience personnelle de vie parallèle. Qu'en est-il pour vous ? Comment pouvez-vous savoir avec certitude que vous avez une vie parallèle et quels bienfaits cela vous procure-t-il de le savoir ?

Il m'est toujours impossible de savoir si tout le monde a une vie concomitante et si c'est quelque chose de constant, de commun ou d'occasionnel. Au cours des cinq dernières années, seuls quelques clients ont appris l'existence de leurs vies parallèles au cours de mes séances, soit environ dix personnes par an en moyenne. Cependant, ce ne sont pas des statistiques que nous recherchons, mais les expériences qui nous permettent de dépasser notre pensée souvent limitée, de mieux nous comprendre, d'évoluer spirituellement et d'atteindre des degrés plus élevés de conscience.

Je vous recommande de garder un esprit ouvert et de cultiver l'envie d'explorer. Essayez l'exercice simple qui suit avec l'intention claire de laisser votre Moi supérieur prendre les rênes. Il saura si le moment est opportun pour que vous découvriez votre vie parallèle.

EXERCICE 13

Connectez-vous à votre vie parallèle

IL VOUS FAUT : Un endroit calme où vous pouvez vous asseoir ou vous allonger confortablement.
Un stylo et un cahier ou un carnet.

DURÉE : 10 à 20 minutes.

- Asseyez-vous ou allongez-vous confortablement dans un endroit calme et privé.
- Concentrez-vous sur votre désir et sur votre intention d'apprendre quelque chose à propos de votre vie parallèle, puis demandez à votre Moi supérieur, à vos anges et à vos guides spirituels de vous assister et de vous guider.
- Soyez ouvert à la possibilité que votre expérience soit très subtile. Si vous vous attendez à voir un long métrage avec tambours et trompettes, vous risquez de passer à côté de ce qui vous sera montré ou de ce que vous ressentirez.
- Restez détendu, respirez profondément et soyez patient. Gardez tout le long de l'exercice votre intention et demandez que quelque chose à propos de votre vie parallèle vous soit révélé.
- Gardez votre objectif et votre intention en tête pendant environ 15 à 20 minutes.

Note : si vous préférez, vous pouvez réaliser cet exercice dans votre lit, avant de vous endormir, en ayant l'intention que votre vie parallèle vous soit révélée pendant votre sommeil.

Après tout, c'est le moment pendant lequel l'esprit singe est bien moins actif et les sens intuitifs beaucoup plus réceptifs.

- À la fin de votre séance d'une vingtaine de minutes – ou lorsque vous vous réveillez dans votre lit –, écrivez tout ce dont vous pouvez vous souvenir de cette expérience. J'insiste sur ce « tout », car il est très important de vous préparer au fait que vous allez peut-être commencer par percevoir uniquement de toutes petites impressions. Avec plus d'expérience et une intention toujours forte, davantage de choses vous seront révélées. Prendre des notes permet de vous créer un corpus d'informations auquel vous référer ultérieurement. En retrouvant l'agitation de votre vie, il est tellement facile d'oublier ce que vous avez appris. Veillez par conséquent à ne perdre aucune bribe d'informations, car elles pourraient constituer les fondations sur lesquelles votre intuition pourra s'appuyer.

Pour mes clients comme pour moi-même, les informations et les bénéfices apparents tirés de la découverte de la vie parallèle ont été très subtils. Nous n'avons reçu aucune révélation, ni de là où nous allions, ni de ce que nous devions faire ensuite. Aucun bouleversement n'a eu lieu du jour au lendemain. Les bienfaits ont au contraire ressemblé à de véritables miracles, tels ces petits miracles subtils qui nous arrivent et qui nous touchent et que nous remarquons à peine.

Ces miracles sont ceux qui font tourner les roues de nos vies, qui nous mettent sur la voie des gens que nous sommes destinés à rencontrer, qui nous placent au bon endroit et au bon moment et qui nous envoient toutes les bénédictions que nous prenons pour acquises.

Avoir une vie parallèle et en prendre conscience est quelque chose de considérable qui peut potentiellement changer votre vie. Je suggère cependant que vous approchiez cette démarche avec émerveillement et étonnement plutôt que d'y placer tous vos espoirs pour résoudre vos problèmes.

Aujourd'hui, je parcours le monde pour mon travail, en faisant des consultations, en donnant des cours et en animant des ateliers dans plusieurs langues. Or, je suis souvent attirée par les beaux arbres, par les clairières et par les forêts, comme la jungle qui entoure les chutes d'Iguazú en Argentine, les magnifiques forêts de pin sur la côte toscane en Italie, les splendides séquoias de Californie et les parcs nationaux qui entourent ma maison en Australie.

Certaines années, je suis à l'étranger plus de cinq mois d'affilée et je dépends alors presque complètement de la générosité de mes amis, de mes clients et de mes étudiants qui m'invitent à dormir chez eux. Cela ressemble beaucoup à ma vie en tant qu'Alathara, n'est-ce pas ?

Qui sait quelle connaissance, quelle guidance et quelles vibrations élevées ai-je reçues des symboles apparus sur cet arbre ? Qui sait aussi quelle influence ma vie parallèle peut avoir sur ma vie terrestre en tant que BelindaGrace.

CHAPITRE 11

REMÉDIEZ À L'AUTOSABOTAGE – LES ASPECTS DE VOTRE PERSONNALITÉ

Je traversais une passe très difficile au bureau, à cause d'une femme qui était très hostile à mon égard. Avec l'aide de Belinda, j'ai découvert que cette femme était un reflet des opinions profondément négatives que j'avais envers moi-même. Une fois que j'ai appris comment cesser de m'autocritiquer, ma situation au travail a changé du tout au tout et cette femme m'a laissée tranquille. J'avais failli donner ma démission et je suis aujourd'hui de nouveau heureuse dans mon travail. Pouvoir remédier à cet aspect négatif de ma personnalité a été une grande aide.

Jacinta, Sydney, 2003

En y réfléchissant bien, vous n'êtes pas un seul type de personne. Vous avez différentes facettes ou aspects de votre personnalité qui entrent en jeu dans diverses situations. Peu de personnes sont par exemple tout le temps extraverties ou organisées. Les premières pourront parfois être introverties et avoir besoin de solitude, quand les autres seront confuses, voire chaotiques.

La plupart des êtres humains sont en fait des créatures très paradoxales, pleines d'incohérences et de contradictions. J'aime cette façon d'être, car je n'ai jamais aimé être mise dans une case. Il semble cependant que notre culture véhicule la croyance que vous devez être capable de définir qui vous êtes en une phrase. Les êtres humains ne sont pas unidimensionnels. Nous sommes merveilleusement complexes et riches.

Dans cet amalgame de « qui sommes-nous » se trouvent les aspects de nous-mêmes que nous souhaitons montrer aux autres, afin qu'ils nous voient comme étant efficaces, positifs et performants. Cependant, nous revêtons aussi des aspects que nous avons étiquetés comme étant médiocres, peu attachants, indignes (la liste est longue), que nous refoulons dans des tiroirs cachés.

Peu importe l'intelligence avec laquelle vous avez enterré ou travesti ces aspects, ils continuent d'avoir un effet sur votre vie, très souvent sans que vous le réalisiez sciemment. En fait, j'ai observé que les aspects les plus scrupuleusement ignorés ou niés sont ceux qui ont le plus de pouvoir. Comme un sage l'a dit un jour : *« Tout ce à quoi vous résistez persiste. »*

Vous allez découvrir dans ce chapitre comment cesser de résister aux aspects de vous-même que vous jugez comme étant insupportables. Une fois que vous aurez fait cela, vous allez découvrir que ces monstres du sabotage intérieurs vont se transformer et commencer à travailler pour vous et plus contre vous.

Il y a peu de temps, une femme d'une quarantaine d'années est venue me voir pour la première fois. Elle avait divorcé un an environ auparavant et vivait avec ses trois enfants – tous âgés de moins de dix ans –, et son ex-mari n'assumait pas du tout sa part du contrat. Je ne savais rien de tout cela, lorsque je l'ai rencontrée. En entrant dans la pièce, elle m'a souri, puis elle était très polie en m'expliquant en détail quels étaient ses problèmes et préoccupations.

Ce n'est pas tant ce qu'elle me raconta alors qui m'intéressait, car j'étais de plus en plus étonnée par le spectacle qui se déroulait dans ses yeux. Il y avait tant de colère en eux et avec ma clairvoyance je parvenais carrément à en voir jaillir des flammes et des couteaux pointus ! Tout ceci n'était pas dirigé contre moi, bien entendu, mais sa colère était si grande qu'elle avait trouvé ce moyen pour s'exprimer et s'extérioriser.

Mes anges ne cessaient alors de me dire : *« Demande-lui pourquoi elle est en colère »*, et j'eus l'impression que toute la pièce se mettait à trembler. Elle s'arc-bouta et agrippa le canapé des deux mains, puis elle me dit : *« Vous n'étiez pas censée voir cela, je pensais que j'avais tout bien caché. »* Elle était stupéfaite que cela ait pu être si évident pour moi, alors que nous étions ensemble depuis moins de cinq minutes.

Mes consultations ne durent qu'une heure, nous n'avions donc pas une minute à perdre. Nous l'avons présentée à l'Aspect de sa Colère, ce qui s'est avéré être une folle aventure. Cet aspect, qu'elle pensait avoir parfaitement dissimulé, commençait à tout casser dans la pièce. Sur mon écran intérieur, je pouvais la voir en train de faire voler les meubles en éclats, criant, hurlant et tambourinant des poings sur le sol. La diatribe de mots belliqueux qui déferlaient dans ma tête était révélatrice et sa colère était dirigée vers elle, mais aussi vers son ex-mari et vers tous les hommes en général – en particulier son père, qui avait laissé tomber sa famille quand elle n'avait que douze ans et n'avait plus jamais donné signe de vie.

L'Aspect de la Colère de ma cliente crachait des insultes à tous les hommes, en les jugeant irresponsables et inutiles. Cet Aspect était également en colère contre ma cliente, pour s'être mariée en suivant une voie vouée à la déception et à la souffrance. Heureusement que les Aspects de notre personnalité restent à l'état non physique, car ils peuvent être très forts et puissants lorsqu'ils font surface. Cela ne signifie pas pour autant qu'ils ne se laissent pas entrevoir dans nos vies physiques. Dans le cas de cette femme, par exemple, elle avait un don pour attirer les personnes colériques, que ce soit un complet étranger dans une voiture ou les gens avec lesquels elle travaillait.

Au cours de l'année qui venait de s'écouler, elle s'était disputée avec des amis, avait été victime de nombreuses altercations sur la route et avait dû rejoindre un autre département de son entreprise à cause d'une mauvaise atmosphère avec ses collègues. Elle avait dû refouler sa colère avant son divorce, mais cette dernière avait décuplé depuis et elle agissait comme un aimant puissant qui attirait à elle des gens qui voulaient évacuer leur propre colère.

Le soulagement de sa colère se fit ressentir assez vite après la séance, car elle fit ses exercices et identifia régulièrement cet aspect jusqu'à ce qu'il se transforme. Elle avait honte de ses sentiments de colère et avait cru pouvoir les cacher. Or, c'est ce que nous faisons tous avec les traits de nous-mêmes que nous n'aimons pas. Il faut du courage pour commencer à comprendre les énergies en action dans notre personnalité. Cependant, lorsque vous vous y attelez, cela peut s'avérer extrêmement libérateur.

Ce jour-là, dans mon cabinet, alors que nous constations et écoutions toute la furie qui se déversait de son Moi en colère, elle fut vraiment soulagée d'avoir pu dévoiler ces émotions au grand jour. Ses anges lui expliquèrent qu'il n'y avait pas lieu d'éprouver de la honte ou de penser qu'elle était une personne mauvaise et colérique. Ils lui dirent que ces aspects de la personnalité sont créés quand nous sommes très jeunes et alors incapables de faire face à une situation douloureuse et effrayante.

Dans le cas de ma cliente, c'est le départ de son père qui avait été la goutte d'eau dans une relation déjà malheureuse avec lui. Lorsqu'elle était petite fille, la façon dont son père avait traité sa mère, ses frères et sœurs et elle-même avait déclenché en elle une colère douloureuse et impossible à rationaliser. Elle savait que son père ne l'écouterait pas, donc mis à part quelques emportements, elle avait commencé à enfouir tous ses sentiments.

Comme les anges me l'ont expliqué de nombreuses fois, l'Aspect de la Colère a été formé par son subconscient, comme un mécanisme de survie. Chaque aspect agit comme un espace de stockage pour les différentes émotions, jusqu'à ce que l'individu soit suffisamment mature et fort pour y faire face à un degré conscient.

Des choses très intéressantes peuvent commencer à arriver dès lors que vous vous appropriez vos aspects négatifs et que vous tentez d'y remédier. Dans le cas de ma cliente, un collègue de travail lui demanda de sortir avec lui quelques mois après sa première consultation et ses commentaires furent très éloquents.

Lorsqu'elle lui demanda pourquoi il avait tant attendu pour l'inviter, il lui répondit qu'elle avait toujours l'air irritable et inaccessible, mais qu'il y avait désormais quelque chose de plus doux et d'ouvert en elle. Il avait ressenti sa colère envers les hommes, à tel point qu'il avait peur qu'elle ne le morde.

Elle commença à comprendre comment toute la colère qu'elle avait refoulée depuis son enfance l'avait programmée à vivre avec des hommes indifférents et l'avait même privée de certaines relations.

Les gens me disent souvent qu'ils peuvent désormais voir qu'un aspect précis de leur personnalité avait essayé d'attirer leur attention pendant des années, en créant certaines situations répétées. Nous attirons à nous-mêmes ce que nous portons à l'intérieur et tous les sourires figés ou les attitudes policées ne pourront jamais tromper l'Univers.

En termes de pourcentage, la colère de ma cliente ne représentait peut-être que 1 % de sa personnalité, mais les prétendus aspects négatifs peuvent être réellement puissants et parvenir à gâcher votre vie si vous ne prêtez pas attention à leurs messages.

Alors, comment savoir quels aspects de *vous* ont besoin d'être soignés ? Commencez par regarder ce que vous attirez quotidiennement dans votre vie. Ce que vous n'aimez pas ne correspond pas à des punitions de l'Univers. Ce sont juste des drapeaux rouges brandis à l'intérieur de vous par des aspects qui ont besoin de votre aide.

Chaque trait de notre personnalité est comme une pièce de monnaie, car il a deux faces. La face positive de la colère est la passion – y compris la passion sexuelle –, la fougue et la capacité à défendre vos idées de façon appropriée. Des qualités plutôt utiles, n'est-ce pas ? Vous ne pouvez cependant pas enterrer un côté de la pièce sans enterrer l'autre. Par conséquent, lorsque vous réprimez la colère, vous étouffez également votre capacité à vivre votre vie avec passion ; en réprimant la haine, vous vous empêchez de pouvoir éprouver l'amour ; en réprimant la rancœur, vous enfouissez toute votre source de pardon et ainsi de suite jusqu'à atteindre la mort affective.

En accordant toute l'attention nécessaire aux aspects négatifs de votre personnalité, vous les transformez automatiquement en une version plus positive d'eux-mêmes.

Tout est une question de degrés, car rares sont les personnes qui se sentent uniquement haïes et pas du tout aimées. Quelle que soit la haine présente en elles, elle peut être transformée en amour et améliorer dans le même temps leur capacité à donner, à recevoir et à éprouver de l'amour. Cette technique est donc l'une des plus motivantes avec lesquelles j'ai eu le privilège de travailler, car elle illustre clairement que même les parties les plus sombres de nous-mêmes souhaitent retourner vers la lumière.

Voici une liste non exhaustive d'aspects négatifs de la personnalité que nous connaissons tous et leurs transformations positives :

Négatif	**Positif**
Colère	Passion, fougue, capacité de défendre ses idées
Haine, y compris la haine de soi	Amour et amour-propre
Ressentiment	Pardon
Dégoût de soi	Acceptation de soi
Autosabotage	Affranchissement de soi, succès, capacité de recevoir les bonnes choses de la vie
Pauvreté, manque et lutte	Abondance et foi dans le flux de la vie
Pessimisme	Optimisme
Autocritique	Confiance
Douleur et peine	Joie et bonheur
Persécution, sentiment d'être harcelé ou lésé	Harmonie, sentiment d'appartenance
Cupidité	Gratitude et générosité
Peur	Confiance et force intérieure, se sentir en sécurité dans le monde
Tristesse et dépression	Bonheur et paix intérieure
Abandon, exclusion, asociabilité	Connaître sa place, meilleure capacité à établir des contacts avec les autres
Victimisation, culpabilité	Être responsable de vos décisions et de vos choix
Manque de reconnaissance	Reconnaissance de soi
Supériorité	Compréhension, accessibilité, empathie

Jalousie, envie, possessivité	Confiance, gratitude, abondance, générosité, sentiment de sécurité
Subjectivité	Ne pas porter de jugement, acceptation, lâcher-prise
Enfant blessé	Enfant sensible
Honte, dégoût de la vie et de soi	Amour-propre, acceptation de soi, paix intérieure

Vous commencez sans doute à comprendre combien nous sommes des êtres multifacettes. La liste est infinie, les associations et les degrés d'expression de chaque aspect sont propres à chaque personne. Nous sommes tous naturellement doués de nombreux aspects positifs tels que la générosité, la gentillesse, l'empathie, la compassion, la curiosité, la gaieté, la sagesse, la créativité, l'inventivité, le génie, etc. Toutes ces qualités sont en nous. Tout dépend quelle « face de la pièce » est la plus active. Dans la mesure où quelqu'un est avare, il peut également devenir généreux, tout comme une personne qui a peur de s'engager porte également en elle une profonde aspiration contraire.

Travailler sur les aspects de votre personnalité vous aidera à dénouer vos frustrations et à exprimer les meilleures versions de vous-même dans cette vie.

Le nombre d'aspects sur lesquels vous pouvez travailler est illimité. La liste évoquée dans ce livre n'est qu'un exemple de ceux que vous pouvez rencontrer. Vous allez également découvrir les vôtres. Par conséquent, soyez prêt à suivre le courant lorsque votre merveilleuse imagination vous aide à vous connecter avec ce qui se passe en vous.

Le nombre de séances d'observation requises pour transformer un aspect est propre à chaque personne. Il ne faut donc pas mettre de limites à votre travail intérieur. Appréciez chacun de vos progrès, au fur et à mesure que ces aspects se révèlent à vous et que vous transformez de plus en plus votre énergie en lumière. Tout comme les autres le verront, vous allez remarquer les changements positifs qui s'opèrent en vous ainsi que l'amélioration de votre qualité de vie.

Le processus de transformation

Comme c'est le cas avec toutes les techniques que m'ont enseignées mes anges et mes guides spirituels au cours de toutes ces années, celle-ci est assez simple. Elle vous semblera nouvelle et inhabituelle au début, mais ce n'est pas pour autant un signe qu'elle est compliquée à appliquer. Mes anges et moi-même l'avons enseignée à des centaines de personnes qui ont toutes pu en bénéficier.

Dans ce processus, il est très important de laisser libre cours à votre imagination et de lui laisser tout pouvoir, car c'est elle qui va traduire en images et en mots vos émotions refoulées afin que vous les éprouviez. La base de ce processus est l'observation. Cela signifie que lorsque vous vous détendez, que vous fermez les yeux et que vous vous concentrez sur votre écran intérieur, vous devrez être capable d'observer l'un de vos aspects comme si vous regardiez la télévision.

Il est important de comprendre que l'acte simple consistant à observer cette part de vous-même va vous permettre de guérir. Cet aspect a été nié et caché pendant presque toute votre vie et ne s'est exprimé qu'à travers le stress et des accès occasionnels. L'acte d'observation indique qu'il n'est plus caché ni ignoré, mais bien reconnu et admis par la compassion. Cette compassion est ce qui lui permet de se libérer et de se transformer dans sa manifestation positive.

Les anges nous conseillent toujours d'observer ces aspects blessés de nous-mêmes avec compassion et détachement, afin d'attester de leur présence sans porter aucun jugement. Cet aspect de votre personnalité a enfin l'occasion de se dévoiler et de vous venir en aide. Vous ne devez rien *faire* en particulier. Vous devez uniquement observer, c'est-à-dire écouter, regarder et ressentir sans entrave cette part de vous, alors qu'elle s'exprime.

Observer implique d'avoir un ressenti de cet aspect et d'en être conscient, tout en le laissant agir en vous, sans chercher à interférer ni à tenter de le changer. Dans ce cas, la véritable signification de l'observation est l'attention complète avec une compassion détachée.

Il convient de définir la signification du terme « détaché » dans cette situation, car beaucoup de gens ont souvent le sentiment erroné que cela évoque quelque chose de distant. Le détachement ne veut pas dire « être sans importance ». Cela implique au contraire de respecter la façon dont cette part de vous s'exprime, en lui donnant la permission de fulminer, de délirer, de jurer, de pleurer, d'accuser – ou quelle que soit sa manière de s'exprimer –, sans essayer d'y remédier ou de la changer. Associer le détachement et la compassion aux émotions que vous ressentez relève de l'acceptation et de la compréhension. En effet, votre acceptation, votre compréhension et, bien entendu, votre attention sont tout ce dont ces parts de vous ont besoin pour guérir.

EXERCICE 14
Observez les aspects négatifs de votre personnalité

IL VOUS FAUT : Un endroit calme où vous pouvez vous asseoir ou vous allonger confortablement.

DURÉE : 15 à 30 minutes.

- Asseyez-vous ou allongez-vous confortablement dans un endroit où vous pouvez vous détendre.
- Concentrez-vous sur un domaine ou sur un problème de votre vie qui vous cause régulièrement problème. Cela peut être par exemple le fait d'être toujours fauché, de connaître des relations qui ne durent jamais longtemps ou d'avoir des relations toujours conflictuelles avec certaines personnes ou certains types de personnes. Pensez davantage à la situation actuelle plutôt qu'essayer de trouver sur quel aspect de votre personnalité vous devez vous pencher. Tout le monde est différent et je ne peux vous donner aucune formule toute prête. Seul votre Moi supérieur ou votre sagesse subconsciente sauront quel aspect vous devez voir à cet instant-là. Il se peut d'ailleurs qu'il y ait plus d'un aspect à traiter. Par conséquent, soyez prêt à tout.

Note : vous ne pouvez pas forcer un aspect à se révéler. En vous concentrant sur une problématique actuelle, vous créez une ouverture pour que tous les aspects puissent se manifester.

- Posez l'intention d'observer l'un de ces aspects de vous-même avec une compassion détachée, sans intention de la juger, de l'analyser, ni de la changer. L'Univers se charge de la guérison. Tout ce que vous avez à faire est de porter votre attention.
- L'étape suivante consiste à vous connecter à votre guidance à travers votre canal. Donnez-vous une ou deux minutes pour ressentir la lumière et l'énergie qui descend du Cosmos et remonte de la Terre.
- Concentrez-vous sur votre écran intérieur, demandez à vos anges et à vos guides spirituels de vous aider à voir l'aspect qui est prêt à être révélé et restez détendu et attentif.

Note : lors de votre première tentative, il vous faudra peut-être quelques minutes avant de ressentir quoi que ce soit. Ne soyez pas impatient, car ces parts de vous-même ont l'habitude de se sentir indésirables et de se cacher. Laissez-leur la possibilité de se faire à l'idée que vous êtes désormais prêt à les reconnaître.

- Vous allez peu à peu avoir la sensation de voir une silhouette ou des contours qui se précisent. Si votre vision clairvoyante n'est pas très claire, vous pouvez avoir l'impression que quelqu'un arrive. Vous savez, un peu comme lorsqu'une personne que vous connaissez entre dans la même pièce que vous, sans que vous ne la voyiez. Vous ressentez simplement sa présence.
- Soyez aussi détendu et concentré que possible, en continuant de respirer profondément

et en restant conscient de votre intention. Vous allez avoir certaines impressions. Laissez votre aspect s'exprimer comme il le souhaite. Quelle que soit la force de son énergie, il ne peut plus vous toucher ni vous porter préjudice.

- Profitez de votre temps d'observation. Cherchez à obtenir un maximum de détails et à comprendre ce que vous ressentez au plus profond de vous-même.
- Êtes-vous soudainement en colère ou triste ? Écoutez attentivement – comme si quelqu'un allait vous faire une révélation importante – et laissez l'information venir à vous.

Ceux qui sont tristes, déprimés et qui se sentent persécutés pourront se visualiser en train de pleurer à même le sol. Votre imagination saura trouver des façons étonnantes pour vous traduire l'énergie de vos émotions refoulées, comme des personnages des grands drames de votre vie. L'aspect de l'anxiété pourra se trouver dans une petite pièce en train de faire les cent pas. L'aspect de la solitude pourra ressembler à un vieux cow-boy en train de marcher péniblement, tout seul, dans le désert. Enfin, l'aspect du jugement pourra être assis derrière un grand bureau et brandir un marteau.

- La durée de l'observation dépendra de vous et de votre aspect. Ce dernier pourra soudainement s'évanouir et vous indiquer que la visualisation du jour est terminée. Lorsque l'aspect commence à répéter en boucle les mêmes informations, c'est un autre indicateur qu'il est temps de s'arrêter. La seule chose que chaque aspect sait est l'émotion de laquelle il provient. Ils sont unidimensionnels et ils ne peuvent se rapporter à autre chose ou l'exprimer. C'est en quelque sorte comme regarder une séquence en boucle, car l'aspect n'aura rien d'autre à dire.

En fin de compte, ce qui compte le plus est votre aptitude à rester attentif et concentré. Si vous êtes fatigué ou si vous avez peur d'être à court de temps, alors vous pouvez vous arrêter dès que vous le souhaitez. Demandez juste à vos anges et/ou à vos guides spirituels de venir et de vous reprendre. Ils viendront alors et entoureront cet aspect dans un cocon protecteur de lumière blanche, afin de prendre soin de votre aspect jusqu'à ce que vous soyez prêt à l'observer la prochaine fois.

Chaque séance d'observation va transformer cet aspect à un nouveau degré. Là non plus, il n'existe pas de formule, mais généralement une à deux choses se produisent. Chaque fois que vous allez à l'intérieur pour observer, vous noterez une légère altération de votre aspect.

Prenons l'exemple d'un aspect dépressif. Il sera sans doute, au début, morose et négatif, mais aussi pesant et sombre. Cependant, chaque fois que vous irez l'observer en profondeur, il s'allègera nettement et son monologue négatif sera moins intense. Séance après séance, vous témoignerez du processus de transformation, puis vous finirez par observer votre aspect dépressif devenir un aspect heureux et joyeux de vous-même.

L'autre méthode qui nous a été apprise est que l'aspect négatif s'évanouira un peu plus à chaque observation, jusqu'à ce qu'il n'y ait plus rien à voir lorsque vous appellerez l'aspect dépressif. C'est un peu comme si le film était terminé et qu'il n'y avait plus rien à montrer.

Quelle que soit la méthode, vous saurez que cet aspect de vous-même est guéri lorsque vous verrez la version transformée de cet aspect ou que votre écran sera de nouveau vierge. Il est évident qu'un autre facteur attestera également du changement, puisque vous vous sentirez nettement mieux et vous attirerez des personnes et des situations beaucoup plus positives dans votre vie, car l'énergie que vous dégagerez sera beaucoup plus lumineuse.

Il est important de noter que le fait de remédier à un aspect dépressif, par exemple, ne signifie pas que vous ne serez plus jamais déprimé. Vous vous êtes soulagé d'un bagage que vous portiez depuis tant de temps. Vous vous êtes délesté de ce que vous aviez emmagasiné et vous vous offrez un nouveau départ. Vous serez toujours capable de ressentir toutes les émotions négatives associées aux aspects négatifs, car l'accès à toutes les émotions fait partie de la condition humaine.

Les gens me disent souvent : « Je veux me débarrasser de ma peine » ou « Je veux me libérer de ma colère », comme s'il s'agissait d'une mauvaise dent que l'on arrache. Or, les émotions ne sont pas des dents abîmées et l'on ne peut pas les retirer. Elles sont là et elles sont une part importante de votre système intuitif de guidance qui vous prévient lorsque vous faites quelque chose de bon ou de mauvais. Si vous souhaitez suivre le chemin optimal ou la voie la plus spirituelle dans cette vie, alors il faut apprendre à écouter vos sentiments et vos émotions. L'une des façons d'apprendre à connaître nos émotions positives est d'expérimenter aussi les émotions opposées.

Les sentiments de colère vous signalent peut-être que vous vous trouvez dans une situation qui n'est pas saine pour vous. Les sentiments de tristesse peuvent indiquer que vous avez refoulé vos rêves depuis longtemps et que vous n'avez pas suivi votre cœur. Cela fonctionne exactement comme lorsque vous ressentez une sensation de chaleur intense qui vous indique que vous êtes sur le point de vous brûler ! Vous comprenez ainsi qu'il ne faut pas souhaiter voir disparaître ses émotions négatives, car elles ne sont pas foncièrement mauvaises. Elles deviennent négatives lorsqu'elles sont tellement réprimées qu'elles commencent à guider votre vie.

Un aspect de la personnalité révélé

« Je n'arrive pas à rencontrer quelqu'un qui me plaise... »

C'est en ces mots que se lamentait un homme de presque trente ans, qui me consultait depuis quelque temps. Il était timide, il s'exprimait doucement et était même un peu introverti et après avoir fait connaissance avec lui, je me doutais qu'il devait fréquenter peu de monde.

J'ai supposé cela, car il devait travailler sur sa confiance en lui. Nous avons donc commencé la séance et, très vite, je fus surprise de découvrir un aspect inattendu de sa personnalité : celui d'une arrogance très forte.

Pendant les vingt minutes qui suivirent, cet aspect a parlé à travers moi de ce qu'il n'aimait pas chez les personnes que mon client connaissait. Selon cet aspect, tous étaient – d'une manière ou d'une autre – inférieurs à lui, quel que soit l'effort ou le temps consacrés pour développer ou entretenir cette amitié.

Cet aspect arrogant expliqua également qu'il refusait de se rabaisser en faisant un travail qu'il ne voulait pas faire et qu'il ne voulait pas se soumettre à un interrogatoire normal dans une entrevue. Son attitude évoquait : *« Je suis meilleur que vous et je n'ai pas à vous le prouver. Si vous ne parvenez pas à voir combien je suis supérieur à vous, alors c'est votre problème. »*

L'image que je recevais de cet aspect était celle d'un homme grand, hautain et d'âge moyen, comme ceux que l'on croise dans la fonction publique britannique ou un aristocrate. Il parlait avec un ton formel qui n'avait rien à voir avec la voix de mon client. Ce dernier et moi-même avons même ri face à certaines choses qui nous étaient dévoilées, tellement celles-ci étaient snobs et absurdes.

Il convient de préciser que mon client a reconnu que, dans une certaine mesure, il avait en effet toujours ressenti cela face aux autres personnes. Oui, il était naturellement timide et il souffrait d'un sentiment d'infériorité, mais il confessait qu'il avait toujours su que cette arrogance faisait partie de lui et il avait souvent pensé qu'il était arrogant.

Il admit également que c'était sans doute l'une des raisons pour lesquelles il était resté sans travail pendant plus d'un an, préférant vivre de l'argent qu'il gagnait en boursicotant.

De retour chez lui, il continua de travailler sur son aspect arrogant en effectuant ses séances d'observation et, après quelques semaines, cet aspect ne ressortait plus. En revanche, c'est un nouvel aspect qui avait émergé : celui de la peur.

Remédier à son aspect arrogant avait poussé son aspect de peur à se révéler. En particulier sa peur des gens. Lorsqu'il vit apparaître ce nouvel aspect de lui-même, mon client demanda à ses anges de quel type d'aspect il s'agissait. Ils lui dirent que c'était de la peur qui était en corrélation avec les sentiments éprouvés lorsque le nouvel aspect était apparu pour la première fois. Il se rendit à son travail en observant cet aspect, ce qui occasionna une guérison très profonde.

Il a trente ans, aujourd'hui, et il se sent désormais suffisamment fort pour travailler et pour vivre à sa place, car il sait qu'il a tout le temps avec lui les outils pour se connaître lui-même et pour se guérir.

Lectures complémentaires à ce sujet :

Le Dialogue intérieur – Connaître et intégrer nos subpersonnalités, Hal et Sidra Stone

Contrats sacrés, Caroline Myss

CHAPITRE 12

CRÉEZ UN ÉQUILIBRE ENTRE LE CŒUR ET L'ESPRIT

Dans les semaines qui ont suivi le départ de mon partenaire, j'étais tellement bouleversée que je pouvais à peine avancer. Mon cœur était brisé et je ne parvenais pas à penser clairement. Au cours de ma première consultation avec Belinda, j'ai reçu un équilibrage cœur-esprit que j'ai continué de faire ensuite dès que je le pouvais. Cela m'a aidée à me sentir beaucoup plus forte et claire. J'ai pu ainsi me ressaisir et passer à autre chose. Je me sentais équilibrée et plus du tout ravagée par le conflit qui opposait avant mon cœur et ma tête.

Tracey, Sydney, 2004

De nos jours, sans le savoir, la plupart d'entre nous vivent essentiellement dans leurs têtes. Du fait d'un manque d'exercice ou d'une consommation excessive de café ou d'alcool, nous sommes très souvent inconscients des stress que nous faisons subir à nos corps. Nous sommes souvent tout aussi inconscients de nos véritables sentiments par rapport à ce qui importe vraiment dans nos vies. Sinon, il arrive que nous soyons conscients de nos sentiments, mais que nous ayons des difficultés à les exprimer clairement aux autres.

Dans le chapitre des conversations psychiques, vous avez appris comment utiliser un outil qui peut vous permettre de communiquer des messages sensibles ou volatiles par nature. Dans ce chapitre, vous allez apprendre une technique qui vous permettra d'exprimer votre vérité à partir d'un autre degré de votre être : à partir de votre cœur.

Se sentir bloqué ou embarrassé pour exprimer votre bonté et votre amour peut être à l'origine de nombreux problèmes dans votre vie, comme le fait de ne pas être capable d'exprimer votre douleur ou votre colère. L'équilibre entre le cœur et l'esprit vous permettra d'exprimer plus facilement des sentiments ressentis par votre cœur et de calmer votre esprit. Ainsi, la peur que nous qualifions comme étant logique ou rationnelle ne dominera plus votre vie.

Une fois encore, l'équilibre cœur-esprit est une technique qui m'a été enseignée par mes anges et par mes guides spirituels, alors que je travaillais sur un client. Depuis ce jour-là, elle a été utile pour traiter de nombreux clients et elle est devenue l'une des techniques que j'enseigne dans chacun de mes cours.

C'est un processus simple et facile à faire pour vous-même ou pour quelqu'un d'autre et ses bénéfices sont nombreux. Si vous êtes très soucieux à propos de quelque chose, si vous souffrez d'anxiété, si vous avez du mal à prendre des décisions, vous pouvez alors bénéficier de cette technique.

Votre cœur sait toujours ce qu'il faut faire lorsque votre esprit est confus. L'équilibre cœur-esprit renforce le cœur tout en calmant votre esprit, il vous aide à vous sentir plus clair et plus connecté à votre vérité.

Bien évidemment, nous ne parlons pas du cœur physique qui pompe le sang pour le faire circuler dans tout le corps. Nous parlons ici de cette part profonde de vous-même qui est représentée par le chakra du cœur. Cette partie de vous-même qui éprouve et qui exprime de l'amour. Regardez maintenant autour de vous. Le conflit, la bureaucratie compliquée, l'accent mis sur la richesse matérielle et le besoin d'être « dans le contrôle » sont autant d'effets qui témoignent d'une vie régie par l'esprit.

Prenez un moment désormais pour imaginer un monde où plus de gens vivraient constamment avec leur cœur, en exprimant leur amour et leur reconnaissance, en étant plus réceptifs émotionnellement et plus conscients des sentiments des autres. Si un changement peut vous sembler un peu trop ambitieux à l'échelle planétaire, revoyez votre jugement, car les plus grands changements commencent au niveau individuel. Lorsque l'énergie de votre cœur est forte, claire et fluide dans votre vie, vous influencerez de façon positive de nombreuses personnes et vous créerez une vie plus harmonieuse pour vous-même.

Lorsque vous procédez à l'équilibrage entre le cœur et l'esprit, vous devez sentir un flux continu d'énergie entre les chakras du cœur, de la gorge et du troisième œil. Ce flux énergétique forme le symbole de l'infini – ou le chiffre 8 –, avec le chakra de la gorge au milieu comme point de chevauchement du 8.

Le fait que le flux énergétique se croise au-dessus du chakra de la gorge pour former le chiffre 8 n'est pas anodin, étant donné que le chakra de la gorge est le croisement du cœur et de l'esprit. Il est ainsi le point central de l'énergie qui gère une double dose d'énergie parfois en conflit.

En nettoyant l'énergie qui circule autour de la configuration cœur-esprit, le chakra de la gorge reçoit la double dose guérisseuse nécessaire, car il est souvent très stressé ou tendu du fait de nombreuses années de domination de l'esprit et de refoulement des émotions ou des sentiments. Les êtres humains accordent beaucoup d'importance à la communication verbale. Par conséquent, notre chakra de la gorge est généralement énormément sollicité pour nous aider à obtenir les choses que nous affirmons être « bonnes », plutôt que pour exprimer notre vérité ou nos vrais sentiments. L'exercice qui suit vous aidera à exprimer plus clairement votre vérité, directement à partir de votre cœur.

Comme avec toutes les techniques de ce livre, vous pouvez planter le décor que vous souhaitez pour vous sentir plus en confiance et à l'aise. Si vous avez des cristaux favoris que vous souhaitez placer près de vous, faites-le. Allumez une bougie, mettez de la musique douce, brûlez des huiles ou de l'encens. Demandez à vos anges et à vos guides spirituels de se réunir tout près de vous, avant de commencer, si cela vous aide à avoir davantage confiance en vous. C'est votre espace, donc rendez-le aussi agréable que possible et/ou demandez à la personne avec laquelle vous travaillez ce qu'elle sent être bénéfique pour elle.

EXERCICE 15
Créez votre équilibre cœur-esprit

IL VOUS FAUT : Un endroit calme où vous pouvez vous asseoir ou vous allonger confortablement.

DURÉE : 15 à 30 minutes.

- Asseyez-vous ou allongez-vous confortablement. Fermez les yeux et respirez profondément. Détendez-vous et préparez-vous pour votre visualisation. **Posez l'intention claire de trouver un équilibre agréable entre le cœur et l'esprit.**
- Prenez un moment pour vous rappeler votre connexion avec votre guidance divine à travers votre canal et prenez une minute ou deux pour vous connecter à la lumière blanche qui descend du Cosmos, ainsi qu'à la lumière chaude et rouge qui remonte vers vous du cœur de la Terre.
- Imaginez vos anges et vos guides spirituels qui se réunissent autour de vous.
- Maintenant que vous avez engagé votre antenne, portez également votre attention sur votre écran intérieur. Souvenez-vous que cet endroit est là, dans votre esprit, pour que vous puissiez y voir des images.
- Concentrez-vous sur vos chakras du troisième œil, de la gorge et du cœur. Imaginez un chiffre 8 qui les relie, avec le chakra de la gorge au centre, là où les courbes du 8 s'entrecroisent.

- Tracez ce chiffre 8 sur vos chakras avec la pointe du doigt. Vous sentez ainsi où il se trouve. Il part du cœur, passe sur la gorge, forme une boucle sur le front, puis il descend de nouveau sur la gorge où il prend une autre direction pour retourner vers le cœur et ainsi de suite puisque le flux est continu.

Note : ce schéma énergétique sur lequel vous allez travailler va créer un meilleur équilibre entre votre cœur et votre esprit. À l'instar du sang qui circule en permanence dans vos artères et dans vos veines, cette énergie parcourt constamment ce circuit qui relie les trois chakras.

- Détendez-vous, fermez les yeux et entrez en harmonie avec ce flux énergétique. Si vous le souhaitez, imaginez-le sur votre écran intérieur et voyez si vous parvenez à ressentir la couleur et/ou la qualité de l'énergie et les trois chakras qui sont impliqués. Est-ce que l'énergie circule de manière fluide ou par à-coups ? Comment sont vos chakras ? L'un d'entre eux est-il plus bloqué, lourd ou fatigué que les autres ?
- Souvent, la couleur et la qualité de cette énergie est grisâtre, sombre et molle. Le chakra du troisième œil peut sembler surchargé et occupé et le chakra du cœur peut sembler trouble, terne et même ankylosé. Ce que vous visez est l'obtention d'un flux énergétique fluide et régulier qui soit calme et puissant, sans lourdeur ni blocage dans cette zone. Vous voulez aussi qu'elle ait une couleur d'énergie éclatante et nette, au lieu d'une couleur trouble ou sombre.

- Une fois que vous parvenez à ressentir un peu ce qui se passe dans votre « chiffre 8 » et dans les trois chakras associés, vous pouvez faire appel à l'énergie et à la lumière guérisseuses afin de les nettoyer et de les équilibrer.
- Imaginez un beau faisceau puissant de lumière violette – ou toute autre couleur qui vous semblera meilleure – qui descend vers vous en provenance du Cosmos et qui pénètre dans votre chakra du cœur, au centre de votre poitrine. Laissez-le circuler du chakra du cœur, puis dans le chiffre 8, jusqu'à ce que vous ressentiez qu'il a calmé, débloqué et éclairci ce flux énergétique. Imaginez qu'il apaise votre esprit, qu'il dégage votre gorge et qu'il renforce votre cœur, jusqu'à ce que le système tout entier semble revigoré et rayonnant.
- Terminez en vous entourant d'un cocon protecteur de lumière argentée ou dorée et prenez quelques instants pour vous délecter du sentiment de ce flux énergétique sain. Inspirez et expirez profondément et prenez à nouveau conscience de votre corps physique. Ouvrez les yeux.

Traitez quelqu'un d'autre

Une fois que vous avez compris comment fonctionne l'équilibrage cœur-esprit et que vous le maîtrisez pour vous-même, il est assez simple de pratiquer cette technique sur une autre personne. Commencez par lui demander la permission et expliquez-lui de quoi il s'agit ou faites-lui lire ce chapitre.

Même les enfants très jeunes, de cinq ou six ans, vont saisir l'essence de ce que vous leur proposez de faire pour eux, si vous prenez le temps de leur expliquer avec des mots simples. Vous avez lu les instructions et ce n'est pas plus compliqué que cela. Concentrez-vous sur votre intention qui, dans ce cas, est de s'occuper d'équilibrer le cœur et l'esprit d'une autre personne.

Lâchez prise avec vos propres opinions sur l'état émotionnel ou sur les problèmes de cette personne. Posez l'intention d'être le canal le meilleur et le plus dégagé pour l'énergie guérisseuse que vous pouvez fournir. Souvenez-vous qu'en traitant quelqu'un, vous ne cherchez pas à le réparer, mais plutôt à lui permettre de gagner en clarté et en force pour qu'il puisse lui-même s'aider.

EXERCICE 16
Traitez quelqu'un d'autre pour équilibrer le cœur et l'esprit

IL VOUS FAUT : Un endroit calme où votre sujet peut s'asseoir ou s'allonger confortablement et auquel vous pouvez facilement accéder.

DURÉE : 10 à 20 minutes.

- Demandez à la personne de s'asseoir ou de s'allonger et de fermer les yeux. Assurez-vous que vous pouvez vous asseoir ou vous tenir confortablement debout à ses côtés.
- Demandez à vos anges et à vos guides spirituels de se réunir autour de vous pour vous soutenir.
- Prenez un moment pour ressentir votre propre connexion au Cosmos et à la Terre à travers votre canal.
- Placez délicatement vos doigts sur deux ou trois chakras impliqués dans cette technique – ceux du cœur, de la gorge et du troisième œil –, puis imaginez une lumière violette purifiante qui descend du Cosmos, le long de votre canal et jusque dans votre chakra du cœur.
- À partir de là, la lumière bifurque pour circuler dans vos bras, en passant par vos épaules, vos bras, vos coudes, puis vos avant-bras et vos poignets, avant d'atteindre le bout de vos doigts et de passer dans la personne que vous traitez.

- Vous êtes maintenant un canal ou un conduit pour l'énergie et la lumière. Vous n'avez rien d'autre à faire que de laisser le flux circuler en faisant le chiffre 8 continu entre les trois chakras. En tant qu'êtres humains, notre rôle n'est pas d'être le véritable guérisseur, mais de faire tout notre possible pour être le vecteur le plus efficace pour que les énergies guérisseuses fournies par l'Univers circulent.
- Faites bouger vos mains entre les trois chakras, si vous en ressentez le besoin et vérifiez sur votre écran intérieur si une vision apparaît.
- Laissez l'énergie guérisseuse circuler jusqu'à vous, au travers de vous, puis dans les chakras de la personne. C'est fantastique, si vous parvenez à ressentir la rotation des chakras ou le flux de l'énergie dans vos bras, vos mains et autour du chiffre 8 de la personne. Encore une fois, je le répète, si tel n'est pas le cas, ne vous inquiétez pas. Tant que votre intention est claire, alors l'Univers s'occupera du reste.
- Cherchez le flux d'énergie dans le chiffre 8 et voyez si vous pouvez remarquer qu'il circule sans entrave et qu'il a changé. Sentez-vous libre de dire à la personne ce sur quoi vous travaillez et ce qui se passe alors que vous êtes en train de le traiter ou bien attendez d'avoir terminé pour échanger avec elle. Optez pour ce qui vous semble le plus confortable pour vous.
- Dix ou quinze minutes devraient suffire. Lorsque vous êtes prêt à arrêter, imaginez que vous entourez la personne dans un joli cocon

doux d'énergie et de lumière blanches, puis retirez vos mains.

- Visualisez-vous en train de vous tenir derrière une cascade de lumière argentée qui vous nettoie et vous libère de toute énergie de la personne que vous auriez absorbée dans votre champ.
- Dites à la personne de rester allongée ou de s'asseoir tranquillement pendant quelques instants avant de se lever.
- Assurez-vous de bien demander à la personne que vous avez traitée de vous faire part de ses réactions suite à l'expérience, car cela vous permettra d'apprendre. Vous serez aussi heureux de les entendre vous dire combien ils se sont sentis réconfortés et apaisés par l'énergie qui circulait de vos mains.

Un équilibre cœur-esprit restauré

Elle ne pouvait pas dire « Je t'aime »

Peu de temps après que les anges m'eurent appris cette technique, une femme d'une trentaine d'années est venue me voir, totalement désespérée. Elle avait été en couple pendant trois ans avec un homme et elle avait été très heureuse. Environ douze mois avant de venir me voir, son petit ami avait commencé à lui dire qu'il l'aimait. Il était déçu qu'elle ne lui dise rien en retour, mais il avait pensé que cela viendrait avec le temps. Il pouvait sentir qu'elle l'aimait, bien qu'elle n'ait jamais prononcé ces mots.

Malheureusement, son incapacité à dire « Je t'aime » commença à poser problème. Son partenaire en prit ombrage et se sentit en insécurité. Il l'accusait même parfois de refuser délibérément de lui répondre et même de ne pas l'aimer du tout.

Il ne fallut que quelques minutes à ma cliente pour m'expliquer tout cela en pleurant sans cesse. Elle avait peur d'admettre ses sentiments, de peur d'en souffrir à nouveau, comme cela avait été le cas par le passé. Mes anges me firent très clairement comprendre qu'elle avait besoin d'un équilibrage cœur-esprit. J'ai donc fait ce que j'avais appris et j'ai travaillé sur elle pendant environ une heure.

Au fur et à mesure de l'avancée du traitement, elle devint tellement calme et paisible, elle avait les yeux fermés et, sans s'en rendre compte, elle n'avait même pas réalisé qu'un doux sourire commençait à illuminer son visage. Il n'était pas nécessaire pour moi de dire quoi que ce soit. J'ai donc laissé la merveilleuse énergie et la lumière faire leur travail.

L'énergie de son cœur était tellement resserrée que je me sentis attirée à laisser l'une de mes mains sur le chakra de son cœur. Mon autre main faisait l'aller-retour entre son front et sa gorge. Lentement, l'énergie obscure qui circulait en formant le chiffre 8 devenait plus lumineuse. Elle finit par prendre une teinte bleuâtre à violette.

Lorsque tout sembla dégagé et équilibré, nous l'avons enveloppée dans un cocon de lumière, puis nous l'avons libérée. Elle est repartie avec un visage heureux là où se trouvait une expression tendue, moins d'une heure auparavant.

Une semaine plus tard, elle me contacta pour me dire que son petit ami l'avait demandée en mariage ! Elle avait trouvé le courage de lui dire les trois mots magiques qu'il attendait ardemment. Maintenant qu'il se sentait plus connecté à elle que jamais, il avait décidé de lui faire sa demande et ils étaient ravis – autant que je l'étais pour eux.

La plupart d'entre nous espèrent que de grands miracles renversants se produisent et viennent transformer nos vies. En tenant ce raisonnement, nous passons à côté du fait que de plus petits miracles se produisent chaque jour pour nous. En apprenant à travailler avec les techniques de ce livre – en particulier celles qui vous ont le plus attiré, vous comprendrez rapidement que la capacité d'influer sur ces petits miracles est dans la paume de vos mains. Vous n'avez rien à perdre et beaucoup plus à gagner, c'est pourquoi vous devez pratiquer, expérimenter, croire en votre guidance intérieure et apprécier.

CHAPITRE 13

« DOIS-JE MÉDITER ? – NON, MAIS CELA PEUT RÉELLEMENT VOUS AIDER ! »

Chère Belinda,

J'ai toujours su que j'étais intuitive, mais je ne savais pas comment commencer mon merveilleux voyage. Je communique régulièrement avec les guides que vous m'avez présentés, soit pendant mon temps de méditation, soit en m'occupant de mes affaires quotidiennes. Je me sens désormais plus heureuse et plus confiante, car je peux demander de l'aide et en recevoir, partout et à tout moment.

Glenda, Newcastle

Vous ne vous attendiez probablement pas à trouver un chapitre sur la méditation dans un livre pour développer vos dons de clairvoyance. Cependant, les bénéfices de la méditation couvrent un champ très vaste, en particulier lorsque vous souhaitez devenir plus intuitif ou clairvoyant.

Nous avons presque tous des vies très occupées et sommes bien trop « accoutumés » à l'activité et au bruit incessants. L'activité mentale constante engendre souvent le fait de tout prévoir pour le futur ou de s'inquiéter pour le passé, ce qui peut créer un léger degré d'anxiété avec lequel vous vivez chaque jour en pensant que cela est normal. Or, votre guidance divine vous atteindra généralement pendant les moments les plus calmes. Vous souvenez-vous du bourdonnement dans mes oreilles à trois ou quatre heures du matin ?

De nombreuses personnes trouvent leurs premières tentatives de méditation ennuyeuses et frustrantes. Nous avons tellement l'habitude de penser tout le temps ou d'avoir quelque chose qui se passe près de nous pour nous divertir ou nous distraire, que le silence est un territoire *totalement* inconnu. Je sais que méditer peut s'avérer difficile, au début, mais que vous finirez par vous demander comment vous avez pu vous en passer avant.

La méditation est une façon de faire taire la clameur de l'esprit pendant que votre corps et votre esprit se reposent en même temps. Parmi les nombreux avantages obtenus de la pratique régulière de la méditation, on cite un meilleur sens de calme intérieur, l'amélioration de la concentration, un sommeil plus réparateur et même des bénéfices physiques tels qu'une tension artérielle plus basse ou l'amélioration de certaines maladies ou affections.

Trouver le temps pour méditer peut sembler problématique pour les gens très occupés, voire même être considéré comme une perte de temps, puisque rien ne semble se « produire ». Pour la plupart d'entre nous, une initiative n'est considérée comme étant fructueuse que lorsqu'elle produit quelque chose de flagrant et de tangible. Toutefois, la clé de la méditation repose sur ce « rien ne se produit », car c'est cela qui donne à votre esprit le temps de se reposer et de se détendre pendant un moment.

La plupart des personnes émérites, efficaces et productives que je connais méditent régulièrement. Des entreprises, dans le monde entier, paient désormais des formations à leurs meilleurs employés pour qu'ils apprennent à méditer. Cela leur permet d'être plus calmes et de mieux concentrer leur esprit sur leur travail.

Ces sociétés et leurs P.-D.G. et directeurs généraux ne considèrent probablement pas ces pratiques comme de la méditation et ils ont sans doute une façon plus accrocheuse et plus moderne de les nommer, comme une « technique de concentration de l'esprit ». Toutefois, toutes sont des techniques de méditation, quelle que soit la façon dont vous les présentez.

Si vous êtes une personne ambitieuse axée sur les résultats ou si vous voulez simplement mieux profiter de la vie et créer un sanctuaire de paix en vous-même qui soit accessible 24 heures sur 24, alors je vous recommande de vous lancer dans la méditation. Une fois par jour est idéale, mais même en pratiquant la méditation de façon occasionnelle, vous pourrez en tirer un bénéfice.

Comment dois-je méditer ?

Il n'existe pas une seule « bonne » manière de méditer, cependant toutes les formes de méditation impliquent de concentrer l'esprit. Pour beaucoup, l'un des plus grands obstacles à la méditation est l'idée de devoir rester assis, les jambes croisées, complètement immobile, dans l'isolement et en silence. Bien que compréhensible, cette vision peut être décourageante et peu attrayante. Il est tout simplement impossible que tout le monde se comporte comme les yogis. Ce qui compte est que la méditation devienne une pratique plaisante pour vous.

Toutes les positions sont bonnes pour méditer, que ce soit assis, pelotonné sur le canapé ou étendu dans un lit. Vous pouvez méditer dans le bus en allant au travail ou en bronzant sur la plage. Si vous fermez les yeux et respirez profondément durant cinq minutes, pendant votre pause déjeuner, cela peut être une méditation.

Développez une approche réaliste qui permet à votre pratique de la méditation de faire partie intégrante de votre style de vie.

De façon intéressante, il existe aussi de nombreuses activités qui peuvent être réalisées en méditant. Dans de nombreuses cultures, les pratiques méditatives comptent : la marche, le chant, la psalmodie, manger, danser, etc. Si l'une de ces activités vous procure du plaisir, alors ayez-y recours pour pratiquer la méditation.

La méditation est destinée à focaliser votre esprit, en particulier si vous êtes un débutant. Profitez d'une marche le long de la plage ou dans un parc pour inspirer, puis expirer profondément et concentrez votre attention sur le rythme de vos pas, sur les traces dans le sable ou dans la pelouse, le bruit des vagues ou celui des oiseaux ou toute autre chose qui pourrait retenir toute votre attention de façon douce et relaxante.

Il en est de même lorsque vous mangez. Combien de fois vous êtes-vous dépêché pour terminer votre repas, sans même vous souvenir ensuite que vous l'avez apprécié ? Concentrez-vous sur votre nourriture. Appréciez les couleurs, les arômes et les textures. Notez toutes les saveurs différentes qui arrivent avec chaque bouchée et ne détachez pas votre attention jusqu'à ce que le repas soit terminé.

En concentrant votre esprit sur une activité plaisante, en remarquant les détails et les sensations dans un acte simple et quotidien, en laissant le rythme et l'énergie de la vie circuler à travers vous, puis en vous, vous pratiquez une forme de méditation.

EXERCICE 17

Une méthode simple pour méditer

IL VOUS FAUT : Un endroit calme, sombre ou tamisé, où vous pouvez vous asseoir confortablement.
Une bougie.
Une boîte d'allumettes.

DURÉE : 10 minutes.

- Placez votre bougie éteinte devant l'endroit où vous vous asseyez.
- Asseyez-vous confortablement devant la bougie éteinte. Respirez profondément et prenez un moment pour vous détendre.
- Allumez votre bougie, prenez le temps de remarquer l'étincelle de votre allumette ou la danse de la flamme. Regardez la flamme alors que vous l'approchez de la mèche de la bougie et que vous l'allumez.
- Soufflez sur l'allumette pour l'éteindre et regardez la fumée qui s'élève.
- Concentrez votre attention sur la flamme de la bougie. Ne la fixez pas, mais laissez votre regard s'adoucir en la regardant.
- Ralentissez et approfondissez votre respiration.
- Portez toute votre attention sur la flamme de la bougie, pendant quelques minutes. Alors que d'autres pensées pénètrent votre esprit, laissez-les dériver sans vous focaliser sur elles.

- Lorsque vous atteignez un sentiment de calme et de tranquillité et que votre esprit n'est plus traversé par aucune pensée, asseyez-vous et contemplez la flamme de la bougie. Notez comment elle vacille et comment la lumière se diffuse autour d'elle.
- Lorsque vous êtes prêt à terminer, inspirez profondément, clignez des yeux quelques fois et soufflez sur la bougie. Resté assis quelques instants, profitez de votre état de relaxation, avant de revenir à vos activités habituelles.

Autres techniques de méditation

L'une des façons les plus simples de se lancer dans la méditation est d'écouter un enregistrement de méditation guidée.

Une méditation guidée est comme une histoire qui vous guide à travers toute une série d'images qui vous aident à concentrer votre esprit de façon douce et fluide. Écouter un tel enregistrement force votre esprit à se concentrer sans rien exiger de vous et sans vous forcer à penser.

Il existe de nombreux CD disponibles, même dans les librairies et les magasins de musique les plus traditionnels. Certains ne contiennent que la voix de la personne qui anime la méditation ou sont uniquement musicaux, d'autres associent musique et voix. Lisez bien la description sur la pochette avant de l'acheter et choisissez-en un dont le sujet ou les thèmes développés vous semblent utiles.

Sur mon disque de méditation, par exemple, il y a cinq méditations différentes qui durent entre 9 et 16 minutes. Chaque méditation a un thème différent, comme par exemple être plus conscient des anges qui vous entourent ou vous laisser guider à travers une magnifique forêt enchantée.

Vous pouvez aussi aimer méditer en silence ou avec votre musique apaisante favorite diffusée doucement et laisser la beauté des sons vous transporter vers un état intérieur plus harmonieux.

Cela peut être un merveilleux moment pour les idées et pour l'inspiration. Gardez un stylo et un carnet près de vous, si vous le souhaitez. Ainsi, dès que vous avez terminé, vous pouvez noter toutes les idées utiles et créatives qui pourraient avoir surgi pendant la méditation. Le pouvoir du silence crée l'espace pour que vous puissiez recevoir de brillantes idées, des solutions à vos problèmes, des messages-guides à propos de quelque chose d'important pour vous, etc. En effet, lorsque le bavardage de votre esprit s'atténue, vos anges, vos guides spirituels et votre guidance divine sont plus facilement entendus.

Au cours de la méditation, il est également bénéfique de vous concentrer sur votre respiration. Maintenir une respiration profonde et rythmée est l'une des meilleures façons de vous apaiser et de détacher votre attention de votre esprit. Visualisez l'air qui entre dans votre corps et qui descend le long de vos poumons. Ressentez son énergie vitale qui entre dans chacune de vos cellules.

Si vous avez des articulations ou des muscles douloureux, raides ou tendus, imaginez que votre respiration se dirige vers votre mal. Elle pénètre cette partie de votre corps et vous libère de cette douleur ou gêne.

Les inspirations font entrer l'énergie et la lumière guérisseuses et les expirations emportent avec elles les douleurs, les tensions ou les blocages. De toute façon, le fait d'être plus conscient de votre respiration vous permet au moins de fournir plus d'oxygène à votre corps, de vous échauffer, d'aider la circulation et de vous encourager à respirer plus pleinement dans votre vie. La respiration superficielle est un autre effet indésirable d'un style de vie stressé. Par conséquent, respirez profondément lorsque vous méditez et récoltez les bénéfices guérisseurs.

Il est préférable de fermer les yeux lorsque vous méditez, car cela vous encourage à focaliser votre attention à l'intérieur de vous-même et cela vous connecte avec votre monde intérieur. C'est également plus relaxant, à la fois pour vos yeux et pour votre esprit. Si vous préférez garder les yeux ouverts, assurez-vous d'avoir des paupières souples et concentrez-vous sur une chose proche de vous (vos mains ou sur quelque chose d'attractif comme la flamme d'une bougie).

À quelle fréquence dois-je méditer ?

Une fois par jour à une heure qui vous convient est idéal, si vous pouvez le faire. Si vous trouvez trop stressant d'ajouter une autre activité sur votre planning matinal, alors essayez de méditer le soir, car cela peut vous aider à avoir un sommeil plus réparateur.

Utilisez votre bon sens et faites en sorte que cela fonctionne pour vous-même. Si vous trouvez qu'un laps de temps de 5 à 10 minutes est votre temps maximum, pour commencer, c'est parfait. Vous finirez par pouvoir allonger ce temps ou vous offrir une belle et longue méditation en prenant un bon bain du dimanche.

Associez la méditation avec des activités que vous aimez. Soyez inventif et ne vous mettez pas trop la pression en cherchant à faire absolument comme tout le monde. Planifiez vos temps de méditation comme autant de moments importants pour vous et comme une merveilleuse façon de développer vos dons de clairvoyance. Amusez-vous !

Lectures complémentaires à ce sujet :

Le Soin de l'âme, Thomas Moore

Everyday Enlightenment : How to Be a Spiritual Warrior at the Kitchen Sink, Yeshe Chodron

CHAPITRE 14

NOTRE ENFANT ÉCLAIRÉ

Un jour, une cliente à moi et son mari sont venus me voir pour un équilibrage des chakras. Ils avaient amené avec eux leur fille de quatre ans. Alors que je travaillais sur la mère, le bébé s'est endormi et j'ai vu quelque chose qui était complètement nouveau pour ma vision clairvoyante. L'enfant avait des flux de lumière rose bonbon qui sortaient de son chakra du cœur et qui se dirigeaient vers ses parents pour les envelopper. L'enfant leur envoyait son amour.

BelindaGrace, Sydney, 1999

Maintenant que vous avez eu l'occasion de découvrir certains de vos dons de voyance naturels et intuitifs, essayez d'imaginer votre vie si vous aviez su vous en servir depuis que vous étiez enfant.

Prenez le temps d'y réfléchir pendant un moment, car les possibilités et les différences sont vraiment étonnantes. Croyez-vous que vos combats auraient été aussi difficiles ou qu'ils auraient duré aussi longtemps, si vous aviez pu vous libérer de certaines de vos vies antérieures quand vous étiez adolescent ?

Vous seriez-vous senti aussi seul ou effrayé pendant les périodes difficiles, si vous aviez su comment communiquer avec vos anges et vos guides spirituels ?

Est-il possible que vous ayez eu un sens plus poussé de vous-même et de votre objectif de vie, si vous aviez su comment garder vos chakras, votre canal et votre écran intérieur ouverts et puissants ?

Auriez-vous été aussi facilement influencé par les opinions des autres si vous aviez été capable de recevoir la guidance divine à travers l'écriture automatique ?

Ne vous aimeriez-vous pas et ne vous accepteriez-vous pas davantage aujourd'hui si vous aviez su plus tôt comment guérir et transformer les aspects négatifs de votre personnalité qui causent des conflits intérieurs et extérieurs dans votre vie ?

Les enfants sont naturellement intuitifs et clairvoyants et les enfants d'aujourd'hui sont encore plus avancés que la plupart des adultes dans ces domaines. Si vous avez des enfants ou si vous en côtoyez, vous pouvez favoriser ces dons innés, même si vous ne les comprenez pas complètement.

Lorsqu'un enfant naît, son corps physique est présent à 100 %, cependant il est encore fortement connecté à la lumière. Le chakra coronal (la fontanelle) et le canal du nouveau-né sont très ouverts et puissants et c'est comme s'il existait dans deux mondes.

Avec les jours et les semaines, l'âme s'adapte peu à peu au corps physique qu'elle a choisi d'incarner pour son aventure dans une nouvelle vie. Aux alentours de deux à trois ans, le processus d'ajustement peut devenir un peu traumatisant, car le focus sur la vie physique s'intensifie et les éloigne incroyablement de la précédente sphère dans laquelle ils vivaient.

Il y a toujours une sorte de rébellion contre la nature pesante et relativement restrictive de la vie physique. L'enfant est désormais censé aller aux toilettes, manger davantage de solides, se nourrir et apprendre toutes les bases pour s'adapter au monde extérieur. Il a alors de moins en moins de temps à consacrer à son monde intérieur et à sa vie.

L'autre étape notable de rébellion est généralement celle de l'adolescence. Or, ce n'est pas une coïncidence. Si à deux ou trois ans l'enfant continuait de s'adapter à son nouvel environnement, ses parents le protégeaient de la plupart des exigences de la vie. Cependant, au cours de l'adolescence, il devient évident pour l'enfant qu'il va bientôt être laissé à lui-même et que la nécessité de s'adapter au monde physique va encore plus l'éloigner de ses connexions spirituelles.

L'accent est de plus en plus porté sur les études, le savoir, la logique, le succès, l'accumulation, la réussite, la compétition, la carrière, le futur, etc.

La personne la plus jeune qu'il m'ait été donné de traiter avait sept ans. À chaque fois que j'ai l'occasion de travailler sur un sujet jeune, je trouve qu'il comprend facilement les informations que je lui transmets ainsi que les descriptions de ce que je fais.

Si je décris l'un de ses anges, si je lui dis quelles sont les couleurs de ses chakras ou si je libère une vie antérieure après qu'elle s'est manifestée, les jeunes personnes répondent qu'ils le savaient déjà et qu'ils l'ont déjà vu auparavant.

Les parents me racontent souvent que leurs jeunes enfants voient des nuages de couleur autour des gens (l'aura), ou qu'ils « savent des choses » sans les avoir jamais apprises de façon logique. Nous, les adultes, nous sous-estimons en permanence les enfants et si nous ne pouvons comprendre leur connexion naturelle aux autres dimensions qui nous entourent, nous avons tendance à reléguer cela dans le royaume de l'imaginaire et du fantasme. Quelque chose d'étrange, voire de gênant, qu'ils vont finir par dépasser.

La « rébellion » adolescente est souvent considérée comme un manque de compréhension de la réalité des choses et de la façon dont le « vrai » monde tourne, mais que défendons-nous ? Je crois que nous devrions encourager leur fougue et leur individualité plutôt que de passer toute notre énergie à les forcer à se conformer. Qui sait, nous pourrions peut-être bien apprendre quelque chose d'eux !

Naturellement, les enfants ont besoin de lignes directrices pour les aider à grandir. Ils peuvent bien entendu bénéficier des expériences de leurs parents et des autres adultes. Ce dont ils n'ont pas besoin est d'être étouffés par nos peurs ou notre ignorance. Encouragez vos enfants à parler des choses qu'ils voient et auxquelles ils croient et que vous auriez tendance à définir comme n'étant « pas réelles ». Demandez-leur de vous les décrire en détail et ayez le courage de reconnaître que tout est possible.

Aidez-les à comprendre qu'ils ont choisi un parcours, ici, dans la sphère physique, et qu'il est important d'entretenir les meilleures relations qui soient, dans sa vie sur Terre, tout en les rassurant en leur disant qu'ils peuvent maintenir leurs connexions avec les sphères invisibles et non physiques.

La vie physique doit être chérie, savourée et aimée. C'est une aventure qui offre l'occasion d'évoluer sur le plan spirituel, mais ce n'est pas la seule réalité avec laquelle nous devons rester connectés au cours de cette vie. Les cultures orientales l'ont toujours su. Des concepts tels que la réincarnation et des pratiques telles que la méditation font partie intégrante de la vie quotidienne des Orientaux. Or, de nombreuses choses qui nous semblent étranges ou trop « perchées », à nous Occidentaux, sont tout à fait ordinaires pour eux.

Dites à vos enfants qu'ils ont des anges et des guides spirituels autour d'eux. Lisez avec eux des livres sur les chakras. Demandez-leur ce qu'ils comprennent de l'idée de réincarnation et s'ils ont le sentiment d'avoir déjà vécu ici avant.

Plus d'une fois, j'ai entendu des clients sous le choc me dire que leur enfant savait déjà à quoi ressemblait un certain endroit, sans jamais y avoir mis les pieds avant.

Une fois, j'ai donné un petit cristal à une enfant qui avait des plaies dans la bouche, car ma guidance m'avait dit que cette pierre en particulier pourrait les guérir. « Bien ! me suis-je dit. Elle peut le tenir dans sa main ou bien le mettre à côté de son lit, ce sera parfait. » À ma plus grande surprise, la fillette de deux ans, très éveillée, prit le cristal et m'expliqua très sérieusement que la pierre lui ferait du bien uniquement si elle la mettait dans sa bouche ! Lorsque sa mère et moi nous sommes regardées, toutes les deux très inquiètes, elle nous a assuré qu'elle allait rester assise, tant que le cristal serait dans sa bouche et qu'elle ne l'avalerait pas.

Plus tard dans la semaine, lorsque ses plaies avaient disparu et qu'elle se sentait mieux, sa mère l'emmena dans un magasin de cristaux où elle put choisir une sélection de pierres pour elle. La mère était stupéfaite de constater la connexion que sa fille entretenait avec les cristaux et son assurance en en choisissant certains et pas d'autres.

Une autre fillette de trois ans se réjouit quand je lui racontai que je faisais des câlins aux arbres. Je l'ai emmenée avec moi et nous sommes allées enlacer de magnifiques arbres toutes les deux. Elle dit qu'elle pouvait sentir leur énergie et que certains lui parlaient.

Ce que j'essaie de vous dire, c'est que nous pouvons énormément apprendre des enfants et des jeunes générations en général.

Chaque personne a son propre type de sagesse, selon qu'elle est instruite ou pas, qu'elle soit « spirituelle » ou pas, jeune, vieille ou d'âge moyen. Les jeunes ont avec eux une conscience et une compréhension incroyables pour aider la race humaine à s'élever vers un nouveau niveau de conscience. Peu importe que vous les appeliez enfants arcs-en-ciel, enfants cristal ou enfants indigo, car ceux doués de sagesse sont là, et plus vous les remarquerez tôt, mieux ce sera pour tout le monde. Un très joli dicton que certains connaîtront sans doute dit quelque chose comme cela : « Nous ne sommes pas des êtres humains qui vivons une expérience spirituelle ; nous sommes des êtres spirituels qui faisons une expérience humaine. » Nos enfants le savent. Aidez-les à ne pas l'oublier, tandis que vous faites de votre mieux pour comprendre.

EXERCICE 18
Apprenez de votre enfant

IL VOUS FAUT : Un enfant (fils, fille, neveu, nièce, petit-fils, petite-fille ou enfant de vos amis) qui a envie de parler avec vous un moment.
Un endroit calme où vous pouvez vous asseoir avec l'enfant et parler.

FACULTATIF : Du papier, des crayons de couleur, des feutres.

DURÉE : 10 minutes – ou aussi longtemps que vous le souhaitez.

- Demandez à l'enfant de vous dire ce qu'il sait à propos des anges, des fées et de ses amis invisibles ou imaginaires.
- Écoutez ce qu'il vous dit, sans le contredire ni le reprendre.
- Expliquez à l'enfant que vous souhaiteriez en savoir plus à propos des guides ou des anges et que vous voudriez son aide.
- Demandez à l'enfant ce qu'il remarque autour de vous, sans chercher à l'influencer. Il pourrait parler de couleurs, d'ombres et de gens qui se trouvent autour de vous. Encouragez-le à vous donner plus de détails, sans le guider.
- S'il le souhaite, demandez à l'enfant de dessiner ce qu'il a vu, en utilisant le matériel fourni.

- Une fois qu'il a fini de vous raconter ou de vous dessiner ce qu'il voit, remerciez-le pour son aide et dites-lui combien il est unique et intelligent.
- Gardez précieusement les informations ou les dessins qu'il vous a communiqués.

La croyance d'une enfant révélée

Nous savons tous que les enfants ont un lien spécial avec leurs animaux de compagnie et j'ai pu constater combien ce lien peut être fort et aimant, lorsqu'une amie à moi a dû emmener le chien adoré de la famille chez le vétérinaire, afin de lui faire subir une importante opération.

Mon amie et son époux furent très contrariés et inquiets que leur chien ne survive pas à l'opération. Ils se faisaient également beaucoup de souci pour leur fille qui aimait énormément le chien et qui serait dévastée de chagrin s'il venait à mourir.

Je suis allée parler à leur fille qui n'avait que quatre ans, afin de la serrer dans mes bras et de partager avec elle quelques mots de réconfort. J'ai lancé quelques phrases maladroites, puis elle m'a souri et a mis sa main sur mon bras pour me rassurer.

« Je ne suis pas inquiète, me dit-elle. Je sais qu'il va s'en sortir. »

J'ai souri en voyant son visage calme et je lui ai demandé : « Comment le sais-tu ? »

« Les anges m'ont dit que tout allait bien se passer », répliqua-t-elle.

Elle avait un regard tellement lumineux, positif et sûr que je sus que je n'avais rien à ajouter.

Une semaine plus tard, le chien est rentré de chez le vétérinaire et, comme les anges l'avaient promis, il était en grande forme. C'était il y a sept ans et le chien va toujours très bien !

Lectures complémentaires à ce sujet :

Les Enfants indigo, cristal et arc-en-ciel, Doreen Virtue

The Sixth Sense of Children: Nurturing your Child's Intuitive Abilities, Litany Burns

Emissary of Love: The Psychic Children Speak to the World, James F. Twyman

Lectures générales recommandées :

Conversations avec Dieu (livre 1, 2 et 3), Neale Donald Walsch

Communion avec Dieu, Neale Donald Walsch

Un, Rasha

Pouvoir contre Force, David R. Hawkins

Autobiographie d'un yogi, Paramahansa Yogananda

CHAPITRE 15

ÊTES-VOUS UNE GRAINE D'ÉTOILE[1] ?

À travers la méditation et la connexion avec mes anges et mes guides, j'ai commencé à me souvenir qui j'étais : un Être universel incarné dans une forme physique sur Terre et, en un fragment de seconde, ma vie a changé. J'ai eu un sentiment d'appartenance et l'impression de savoir que j'étais là pour une bonne raison.
Belinda m'a alors parlé des graines d'étoiles en me disant : « En fait, Melissa, je pense que vous êtes une graine d'étoile. » J'étais soulagée de pouvoir enfin dire qui j'étais.

Melissa Matthews, Sydney, Australie

Au cours des cinq ou six dernières années, le nombre de graines d'étoiles qui ont été guidées jusqu'à moi n'a cessé d'augmenter. Ce sont de charmantes personnes qui peuvent souvent se reconnaître immédiatement par le chatoiement caractéristique – et souvent d'un autre monde – dans leurs yeux. Les yeux des graines d'étoiles sont souvent envoûtants à observer. Ils ont un regard intense, brillant et lumineux, avec un air qui semble dire : « Je vis sur Terre, mais je ne suis pas d'ici. »

Avec un nombre croissant de graines d'étoiles qui se manifestent à moi pour des consultations et pour assister à

1. N.D.É. : Le terme « graine d'étoile » vient des termes anglais « *starseed* » ou « *starpeople* ». Il émane des cultures anciennes des natifs américains et se réfère à des âmes extraterrestres incarnées dans la société humaine terrienne.

mes cours, je reçois des guidances de leur part à propos de leur situation et je parviens à mieux les connaître. Certaines d'entre elles ont eu des expériences et des interactions très étranges avec ce monde et d'autres ont le sentiment de ne pas vraiment être intégrées à la race humaine.

La définition la plus simple que je puisse faire d'une graine d'étoile est la suivante :

- Une graine d'étoile est une personne dont la dernière incarnation, avant sa vie actuelle sur Terre, était dans une dimension et une civilisation totalement différentes. En d'autres termes, leur vie antérieure la plus récente n'était pas sur cette Terre en tant qu'être humain, mais dans une civilisation et dans un « lieu » tout à fait en dehors de notre planète.
- Ces personnes ont délibérément choisi de s'incarner sur Terre pour expérimenter la vie humaine. Elles reviennent sur Terre pour connaître le développement que connaissent les personnes qui ne sont pas des graines d'étoiles pendant leur vie humaine, avec pour facteur clé le fait qu'elles acceptent de rester en contact ou de rester connectées avec leur ancienne civilisation au cours de leur vie terrestre. Pourquoi ? Afin que leur précédente civilisation puisse examiner et apprendre de la vie sur Terre et de la condition humaine.
- Mes anges et mes guides ont décrit les graines d'étoiles comme étant semblables à des « modems wifi vivants » qui sont constamment en train de transmettre des informations

à leur précédente civilisation. Sans le réaliser, les personnes graines d'étoiles ont une forte connexion avec leur ancienne communauté et cette dernière apprend, grâce à eux, ce qu'est la vie sur Terre.

- L'existence de cette connexion avec leur précédente civilisation peut souvent créer chez la graine d'étoile un sentiment « d'appartenir à un autre endroit ». Nombre de mes clients graines d'étoiles m'ont dit, par exemple, comment ils regardaient les planètes et les étoiles avec nostalgie, en espérant pouvoir « rentrer chez eux ».
- Leur précédente communauté souhaite généralement étudier un domaine précis de la vie humaine à travers une graine d'étoile et il est important de souligner à nouveau que la graine d'étoile a accepté sa mission avant d'être réincarnée sur Terre. Par conséquent, nous constatons souvent que la personne graine d'étoile vit des expériences intenses (ou un engagement intense) avec certains aspects de l'existence humaine. Ils connaissent ainsi des hauts et des bas émotionnels et rencontrent des difficultés ou des problèmes de santé physique.
- Alors que les expériences des graines d'étoiles sont transmises à leur précédente civilisation, cette communauté apprend davantage sur notre vie terrestre. Ils apprennent ce qu'être humain signifie et découvrent les défis auxquels on fait face sur Terre. Que veulent-ils tant apprendre sur nous ? La réponse à cette question donnée par les anges et les guides spirituels de mes clients graines d'étoiles est que leur ancienne

> civilisation « garde une place » pour la race humaine, car ils se préoccupent de nous et se soucient profondément de nos défis et de nos combats. Ils croient qu'en nous comprenant mieux, ils pourront ensuite mieux nous soutenir.

Une graine d'étoile peut très facilement être incomprise dans notre culture. Ces personnes peuvent sembler distraites, inattentives, presque toujours hypersensibles. Elles peuvent se retirer du monde afin de se protéger et de préserver leur sensibilité ou elles peuvent sembler être toujours sur une autre longueur d'onde. Par chance, de plus en plus de parents réalisent qu'un enfant qui a des comportements et des attitudes différents n'est pas automatiquement en difficulté ni malade. De plus en plus de parents de jeunes enfants viennent me consulter pour trouver auprès de moi des réponses et du soutien.

Si vous êtes parent et que vous pensez que votre enfant est une graine d'étoile, il est important de vous souvenir qu'une grande majorité d'entre elles s'en sortent très bien et qu'elles iront d'autant mieux si vous les encouragez à embrasser une vie qui englobe leurs deux mondes.

Faites vos propres recherches, partagez leurs intérêts pour le cosmos, parlez ouvertement avec eux de leur ressenti et de leur perception de la race humaine et de leur vie sur Terre. Nous avons tous déjà vécu sur Terre dans nos vies antérieures. Cependant, les vies que nous pourrions avoir dans d'autres dimensions, dans d'autres systèmes solaires et même dans d'autres galaxies sont moins comprises. Si tout cela vous semble trop dur à digérer, ne vous inquiétez pas.

La chose la plus importante à comprendre est que votre enfant graine d'étoile réagira mieux si vous l'écoutez et si vous répondez ouvertement à ses questions, plutôt que si vous lui dites ce qu'il doit faire et comment le faire. Il s'épanouira grâce à votre soutien, à votre amour et à votre patience.

Être un enfant ou un jeune adulte graine d'étoile ne peut cependant pas être une excuse pour mal se conduire. Votre enfant a choisi de revenir sur Terre pour vivre une autre incarnation humaine et, bien qu'il soit aussi une graine d'étoile, il est important de lui rappeler qu'il est aussi une graine d'étoile humaine. Cela signifie qu'il est venu dans cette vie pour apprendre et pour grandir comme tout le monde. Donc, comme tout enfant ou tout jeune adulte, il a besoin de choses essentielles telles que des limites saines, une discipline positive, de l'instruction, des compétences sociales, du sens de la responsabilité, la santé et la forme physique, des amis et des loisirs. L'encourager à adopter le fait d'être à la fois une graine d'étoile et une personne est certainement la meilleure approche.

L'une des choses les plus bouleversantes que j'ai pu observer jusqu'ici à propos des graines d'étoiles est que ce monde est souvent pour eux un endroit crasse et rude. Ils trouvent cela très dur sur le plan physique, émotionnel, mental, intellectuel et, bien sûr, spirituel. Pour les personnes graines d'étoiles, la vie sur Terre revient à vivre avec le volume constamment réglé au maximum. Ils peuvent avoir peur des gens, rencontrer des difficultés pour établir des relations et ils se sentent à la fois inférieurs et supérieurs aux autres – ces deux positions étant les deux faces d'une même pièce. J'en reviens donc à l'importance d'impliquer les personnes graines d'étoiles dans les activités normales tout en les encourageant à embrasser leur statut de graines d'étoiles.

« Avant l'illumination, coupe du bois et porte de l'eau. Après l'illumination, coupe du bois et porte de l'eau. »

Zen Koan

Il ne fait aucun doute que les personnes graines d'étoiles sont spéciales, différentes, inhabituelles, etc. Mais, n'est-ce pas le cas pour nous tous ? N'avons-nous pas tous à affronter notre lot de défis dans chacune de nos vies ? La citation ci-dessus nous rappelle que même les plus sages et les plus conscients d'entre nous doivent « couper du bois, porter de l'eau » afin de grandir dans chacune de nos vies. Cette réalité physique nécessite de « couper du bois et de porter de l'eau » à différents niveaux, que ce soit pour entretenir notre hygiène personnelle ou par responsabilité pour la sécurité et le bien-être des autres. Par conséquent, le principal objectif d'une personne graine d'étoile est le même que pour tout le monde : mener une vie saine et équilibrée.

Dans notre incroyable ère digitale, les graines d'étoiles peuvent désormais se chercher et se soutenir mutuellement. Bien que je n'aie pas pu sonder la planète tout entière, je sais par expérience que leur nombre va croissant.

Parmi les graines d'étoiles que j'ai rencontrées et avec lesquelles j'ai travaillé, je peux sincèrement attester qu'ils arrivent dans cette vie en venant tous d'une civilisation nettement plus avancée que la nôtre. La plupart du temps, ces civilisations ne sont pas physiques et existent dans une dimension ou dans une vibration plutôt que sur une planète solide, quelque part dans l'espace. Ces dimensions sont souvent d'une nature cristalline. Elles brillent d'une lumière magnifique et vibrent sur des sons exquis. Là-bas, le sentiment d'être à part – que nous éprouvons sur Terre – n'existe pas et la communication dans la communauté telle que nous la connaissons ici n'est pas la même.

Ces civilisations sont fascinées par nos expériences dans cette dimension terrestre et elles semblent avides de savoir comment nous aimons, nous fonctionnons, nous pensons et avons des sentiments. Ils sont émerveillés par la façon dont nous laissons les émotions influencer notre comportement et nos choix. Ils sont étonnés par nos relations et par nos attachements, par notre matérialisme ou nos systèmes de conviction, par nos croyances et nos peurs, par nos conflits, par nos défis et par notre capacité à la grandeur. Ils regardent la Terre comme étant un lieu incroyablement précieux où les âmes ont l'occasion de faire l'expérience d'un environnement unique dans l'Univers.

D'après mon expérience, aucune de ces civilisations n'essaie d'influencer le comportement ni les choix des personnes graines d'étoiles. Elles veulent juste apprendre un maximum de choses sur nous et recevoir les transmissions que leur adressent les graines d'étoiles, conformément à leurs accords d'origine. Au-delà de ça, j'ai l'impression que la communauté reste très en dehors de la vie de la personne graine d'étoile, afin qu'elle puisse expérimenter pleinement sa vie sur Terre comme elle l'a décidé.

Je ne suis pas en mesure de dire où tout cela mènera et il existe de très nombreuses croyances, peurs et espoirs à propos d'une venue possible de cette civilisation « extraterrestre » pour nous sauver ou nous détruire. Pour moi en tout cas, ceci n'est pas le but de l'existence d'une graine d'étoile. D'après moi, cela se résume en deux points :

1. À travers les personnes graines d'étoiles, nous restons en contact avec d'autres civilisations qui ont un intérêt positif pour notre vie sur Terre.
2. Les personnes graines d'étoiles sont ici pour expérimenter la vie humaine, profiter de leur aventure, suivre leur karma et effectuer leur travail de développement spirituel comme nous le faisons tous.

La personne graine d'étoile semble ajouter un autre degré de complexité à l'être humain. Pour autant, cela ne lui confère pas un statut plus élevé. C'est juste une autre caractéristique ou une autre qualité personnelle. Parfois de façon déchirante, la graine d'étoile aspire à retrouver sa maison cosmique et souffre du sentiment de ne pas appartenir à notre monde, mais c'est au fond la même chose pour quiconque aimerait retrouver un être aimé ou un lieu qu'il chérissait par le passé. De manière générale, nous aspirons tous à retourner à notre Source.

L'aventure humaine d'une graine d'étoile

En 2015, j'ai eu le privilège de faire une consultation à un jeune homme qui venait juste d'être libéré de prison. Son histoire est le récit extraordinaire d'une souffrance personnelle, d'une famille instable, de réactions autoritaires, de crises, de soutien et de réhabilitation.

Un an avant notre rencontre, alors qu'il n'avait que vingt-deux ans, sa mère qu'il adorait avait annoncé qu'elle était en phase terminale d'un cancer et qu'elle était sur le point de mourir. Elle avait appris sa maladie deux ans plus tôt et avait entamé un traitement. Son état se dégradait, mais elle avait néanmoins réussi à cacher tout cela à son mari et à son fils. Dire qu'ils furent dévastés serait un euphémisme. Essayez d'imaginer le raz de marée de colère, de choc, de peine et d'incrédulité qui s'abattrait sur vous en apprenant que votre mère est en phase terminale et qu'elle vous a caché sa maladie depuis le premier jour. Mon client et son père se sentirent totalement impuissants, trahis, écrasés de chagrin, épris de culpabilité et incapables de digérer ce qu'ils venaient d'apprendre.

Deux semaines à peine après cette annonce, elle mourut. Un tsunami destructeur s'abattit sur le père et le fils qui eurent un choc émotionnel. Ils devaient faire face à toute la paperasse administrative, aux membres de la famille et aux amis qui exigeaient des réponses, à leur propre déchirement et au terrible deuil suite à cette perte soudaine.

La pression était telle que le jeune homme, Andrew, devint fou. Il se mit à boire énormément, vandalisa des propriétés et vola même une voiture. Il fut arrêté, emprisonné et jugé coupable. Son père qui était un homme ouvert d'esprit et qui était l'un de mes clients depuis trois ans fut très affecté par cet événement. Pour résumer, Andrew fut jugé, inculpé, puis il reçut une condamnation avec sursis et fut remis en liberté conditionnelle avec des travaux d'intérêt général. Son père fut évidemment soulagé que son fils ne soit pas renvoyé en prison pour une plus longue peine, même si les conséquences pour lui restaient très lourdes. Andrew avait désormais un casier judiciaire et des heures de travail communautaire qui contrariaient ses études universitaires. Tout n'était pas rose et la douleur émotionnelle restait à traiter.

Andrew vint me voir peu de temps après son procès et sa condamnation. À l'instant même où je le vis, je sus que nous allions avoir une séance puissante. Sa mère vint lui parler. Sa colère et sa douleur étaient tellement intenses qu'une masse solide semblait emplir la pièce. Il pleura et me dit qu'il se haïssait et je pouvais littéralement sentir son cœur se briser. Puis, soudain, la pièce tout autour de moi se remplit de filaments souples à la consistance de gel transparent et, dans ma vision clairvoyante, je voyais une civilisation à l'intérieur de ces formations cristallines qui disait affectueusement adieu à Andrew. Ces formations étaient brillantes et leur couleur oscillait entre la couleur prune, le violet et le rubis, avec des scintillements occasionnels bleu nuit. Tout semblait si paisible et magnifique dans cet autre monde.

Les anges et les guides spirituels d'Andrew se présentèrent pour lui dire qu'il était une graine d'étoile et que la principale chose que sa précédente communauté observait était la façon dont les hommes faisaient face aux émotions puissantes et aux expériences de justice et d'injustice. Alors que je transmettais les informations reçues à Andrew et que je lui décrivais le monde cristallin très coloré, des larmes roulèrent sur son visage. Lorsque j'eus terminé, il me raconta qu'il avait déjà vu cette dimension cristalline auparavant. Juste après son arrestation, il avait été incarcéré quelques jours dans la prison locale. Il était désemparé et, livré à lui-même pendant des heures et des heures, il finit par perdre conscience un moment. Il commença alors à voir les mêmes formations colorées que je venais de décrire et il avait tout fait pour les visualiser plus nettement en fermant ses yeux et en tentant de les toucher avec ses mains. Andrew avait immédiatement reconnu la dimension que je venais de lui décrire.

Même s'il trouvait ces formations réconfortantes et les énergies qu'elles dégageaient apaisantes, il n'en demeurait pas moins effrayé. Il était seul dans sa cellule, écrasé par la culpabilité d'avoir causé autant de mal à son père déjà anéanti par son deuil. Il pensa alors qu'il hallucinait ou qu'il devenait fou et ne dit rien à personne.

Au cours de cette séance, ses anges et ses guides lui expliquèrent qu'il avait accepté, dans sa précédente civilisation, de venir sur Terre et de poursuivre le parcours de son âme sous les traits d'un homme, afin de grandir et de faire face à d'intenses émotions et à une approche autoritaire de la souffrance personnelle. Ils lui dirent qu'ils allaient l'aider à choisir le chemin le plus élevé et ils le rassurèrent en lui confirmant qu'il n'était pas fou et que personne ne le jugeait, tout en lui confirmant qu'ils le soutiendraient à chaque étape de son parcours.

Lorsque Andrew me quitta, c'était comme si tout le poids du monde avait été ôté de ses épaules. De très nombreux défis l'attendaient cependant, mais cette étrange expérience qu'il avait vécue en prison avait maintenant une explication et résonnait profondément dans cet incroyable jeune homme. Il reprit ses études tout en faisant ses travaux d'intérêt général, il se rapprocha de son père et il fit plusieurs lectures. Il suivit ce qui avait été requis en effectuant un accompagnement psychologique et en rendant visite à son agent de libération conditionnelle.

Malheureusement, sa condamnation prévoyait qu'Andrew consulte un psychiatre, qui décida de lui prescrire du lithium pendant toute la durée de sa probation. Ce traitement médical engendra des effets secondaires, mais le psychiatre insista pour qu'il continue de le prendre. Son casier judiciaire affecta également sa carrière et, malgré son diplôme en poche, la cour ne fit preuve d'aucune clémence et ne lui permit pas de quitter l'État pour étudier ou travailler ailleurs.

Malgré tous les défis et les revers auxquels Andrew a dû faire face, il reste positif et parvient à entrevoir un futur pour lui. Son père et lui continuent de se battre pour obtenir la mansuétude de la cour avec un assouplissement ou même une modification de sa peine d'origine. Andrew ne nie pas sa fuite et ne prétend pas minimiser ce qu'il a fait, mais il cherche à obtenir une certaine compassion d'un système censé établir la justice. Peu d'entre nous sont capables d'endurer la perte soudaine d'un proche dans des circonstances aussi terribles. Andrew désire maintenant mettre le reste de sa vie à profit pour prouver qu'il est devenu une meilleure personne que celle qu'il était avant, pendant cette horrible période de sa vie.

En comprenant qu'il était une graine d'étoile, il a pu apprécier différemment la vie et il se considère aujourd'hui comme l'âme unique, sensible, intuitive, sage et douée qu'il est.

Si vous pensez que vous pourriez être une graine d'étoile, que devriez-vous faire ?

Je vous recommande de vivre votre vie aussi pleinement que possible, en sachant que vous jouez un rôle dans cette immense histoire cosmique que nous appelons la vie. Si vous souffrez d'une manière ou d'une autre, j'espère que les mots de ce chapitre vous aideront à vous comprendre plus avant et à éprouver de la compassion pour vous-même. Certes, vous vous sentez probablement très loin de chez vous par moments, mais tant que vous êtes sur Terre, c'est ici votre maison et c'est vous qui avez choisi d'être là et de vivre cette vie. Qui sait où en sera la race humaine dans les générations à venir et combien vos expériences et vos connexions auront été utiles ?

Si vous avez du mal à créer et à maintenir un équilibre, si vous ne parvenez pas à faire face à la dure réalité physique ou si vous vous sentez très déconnecté des autres, alors demandez de l'aide auprès de vos anges et de vos guides spirituels. Ils peuvent communiquer pour vous avec votre précédente civilisation pour les informer que vous trouvez certains aspects de votre vie sur Terre très difficiles. Votre ancienne civilisation peut alors ajuster la connexion qu'elle a avec vous, afin que vous vous sentiez plus équilibré et que vous puissiez apprécier les choses de façon plus harmonieuse. Je ne sais pas comment ils y parviennent, mais la meilleure analogie qui m'ait été donnée est que c'est un peu comme si vous vous branchiez sur une fréquence plus douce ou comme si vous réécriviez votre logiciel. Si vous suiviez une consultation avec moi, alors cette reconnexion ou cette réécriture aurait lieu pendant la séance. Cependant, vous pouvez tout aussi bien entamer cette démarche de votre côté, en demandant à vos anges et à vos guides spirituels de jouer les intermédiaires.

Lectures complémentaires à ce sujet :

Un autre corps pour mon âme, Michael Newton
Souvenirs de l'Au-Delà, Michael Newton
Pale Blue Dot, Carl Sagan
The Starseed Transmissions, Ken Carey
Le retour du peuple des oiseaux, Ken Carey

Vous pouvez également me retrouver sur ma chaîne YouTube, sous le nom *BelindaGrace Clairvoyant* pour voir ma présentation complète sur les graines d'étoiles.

À PROPOS DE L'AUTEURE

BelindaGrace vit dans la magnifique région des rivières du nord de la Nouvelle-Galles du Sud, en Australie. Chaque année, elle sillonne son pays et voyage aux États-Unis, au Royaume-Uni et en Europe pour réaliser des consultations, donner des cours et animer des ateliers. Sa passion est d'aider les autres à découvrir un sens plus profond et un but à leurs vies, car cela permet de créer une base solide de santé émotionnelle et spirituelle à partir de laquelle tous les autres domaines de la vie peuvent s'épanouir.

BelindaGrace aime occuper son temps libre à lire, à faire des randonnées, à danser la salsa et le tango, à étudier l'espagnol et à profiter de la paix et de la beauté de sa maison au bord de la mer.

Si vous souhaitez en savoir plus à propos de BelindaGrace et de son travail, visitez son site : www.belindagrace.com

Composition et mise en pages
Nord Compo à Villeneuve-d'Ascq